MARIE-VICTORIN
un itinéraire exceptionnel

Le Frère Marie-Victorin, en 1928 (photo: Dupras et Colas).

MARIE-VICTORIN
un itinéraire exceptionnel

Madeleine Lavallée

Préface de Jules Brunel

SOUS
LA DIRECTION
DE
RENÉ BONENFANT

Les photographies ont été gracieusement prêtées par:
- Le Jardin botanique de Montréal:
  pages 4, 81, 157, 212, 250, 273
- L'Institut botanique de l'Université de Montréal:
  pages 14, 37, 38, 66, 157, 249
- Monsieur Jules Brunel:
  pages 81, 138
- Frère Alexandre Blouin:
  page 81
- Les membres de la famille du Frère Marie-Victorin:
  page 158

Conception graphique de la couverture: Martin Dufour

Dépôts légaux: 4e trimestre 1983
Bibliothèque nationale du Québec
Bibliothèque nationale du Canada

ISBN: 0-7773-5654-6   Imprimé au Canada

LES ÉDITIONS HÉRITAGE INC.
300, Arran, Saint-Lambert, Québec J4R 1K5
(514) 672-6710

L'auteur remercie

Monsieur Jules Brunel, ex-directeur de l'Institut botanique, professeur émérite à l'Université de Montréal, pour son étroite collaboration,

ainsi que

les Frères des Écoles chrétiennes, et particulièrement les Frères Gilles Beaudet, professeur au Cegep du Vieux-Montréal et Félix Blondin, respectivement archiviste et aide au bureau des archives de la communauté,

Monsieur André Bouchard, conservateur du Jardin botanique de Montréal,

Monsieur Roméo Meloche, photographe officiel du Jardin botanique de Montréal, de 1950 à 1981,

Monsieur Jean-Pierre Bellemare, responsable de la photothèque du Jardin botanique de Montréal,

Mesdames les bibliothécaires de l'Institut botanique de l'Université de Montréal,

Madame Eudora Laurin et les membres de la famille Drolet, parents du Frère Marie-Victorin,

de même que

les personnes dont les témoignages lui ont servi dans cet ouvrage et celles qui l'ont autorisée à citer des passages de leurs écrits.

PRÉFACE

L'auteur de ce livre nous apporte, comme quatre gerbes de fleurs, divers textes tirés de l'oeuvre de l'écrivain fécond que fut Marie-Victorin, textes groupés en quatre parties désignant des voyages qui, par intervalles de cinq ans, marquèrent profondément la trop brève carrière de cet éminent savant canadien.

Ceux qui, comme moi, ont été témoins du développement de cette remarquable carrière pendant presque toute sa durée, ne peuvent que féliciter Madeleine Lavallée, qui n'a jamais connu Marie-Victorin personnellement, du choix judicieux des quatre étapes qu'elle a adoptées pour grouper et commenter les nombreuses citations extraites de l'oeuvre du maître.

Ce livre n'est pas, à proprement parler, une biographie au sens ordinaire du mot, où tout est raconté chronologiquement. C'est plutôt une vaste fresque dont les éléments, tirés pour la plupart des multiples publications victoriniennes, ou de divers manuscrits inédits, constituent une espèce d'autobiographie. Ces éléments, toujours précédés et souvent suivis de commentaires très pertinents, sont groupés en chapitres dont chacun porte un titre approprié.

L'auteur a, de toute évidence, consacré beaucoup de temps à se documenter sur son personnage, particulièrement quand elle fut appelée à collaborer au tournage du grand film récent de Radio-Québec sur Marie-Victorin. Elle eut alors accès au journal inédit que le jeune frère et futur maître rédigea fidèlement tout au long de ses années de formation (1903-1920) et qu'il avait intitulé *Mon Miroir*, journal rempli de réflexions sur les problèmes, les responsabilités, les amitiés, les joies et les peines d'un jeune religieux au début de sa carrière d'enseignant. De plus, elle eut l'occasion de lire le manuscrit inédit intitulé *À travers trois continents,* journal de voyage de 1929 autour de l'Afrique, en Asie mineure et à travers l'Europe. Elle eut accès aussi à la correspondance que plusieurs personnes entretenaient avec Marie-Victorin, ce qui lui permit d'acquérir une réelle compétence sur le sujet de son livre.

Ayant elle-même reçu une formation similaire, il va de soi qu'elle possède une parfaite compréhension de la vocation religieuse, de ses difficultés, de ses joies et responsabilités. Quant à ses études préalables, orientées vers la littérature, la théologie, et même le cinéma, elles la désignaient d'emblée comme recherchiste lors de la réalisation du film mentionné plus haut, et par la suite comme auteur du présent ouvrage.

Tous ces facteurs, ajoutés à la perspicacité native de Madeleine Lavallée, l'aidèrent à obtenir une parfaite compréhension de la psychologie de Marie-Victorin, sans l'avoir jamais connu, et sont l'explication de la haute qualité de l'oeuvre qu'elle nous présente aujourd'hui.

Jules BRUNEL
Ex-directeur de l'Institut botanique
Professeur émérite à l'Université de Montréal

AVANT-PROPOS

Les grands hommes ne meurent pas: leur oeuvre les immortalise. Ainsi les écrits du Frère Marie-Victorin nous dévoilent sa pensée, ses sentiments et ses combats. Nous nous émerveillons de son érudition et de sa vision du monde à la fois poétique et scientifique; nous découvrons avec lui les mille paysages d'une nature tour à tour avare et généreuse, et nous passons ainsi de bons moments en sa compagnie.

Les nombreux passages des écrits du frère sont ici enchâssés dans les faits de sa vie qui mettent le plus en valeur les riches facettes de sa personnalité. Par ailleurs, la variété de ses fonctions et les besoins de sa faible constitution ont valu au frère le privilège, rare à son époque, de parcourir le monde. Nous rattachons à ses voyages les événements de sa vie qui constituent un rapport logique avec eux. Il ne faut donc pas s'étonner d'accompagner, non seulement dans l'espace mais aussi dans le temps, l'inlassable voyageur que fut Marie-Victorin, au hasard des moments de sa vie féconde, soumise toutefois aux aléas d'une condition physique paradoxalement défaillante. Par contre, les étapes de la fondation du Jardin botanique de Montréal, qui reviennent comme un leitmotiv, situeront le lecteur dans le temps, avant de le lancer de nouveau en orbite.

Nous n'avons pas la prétention d'avoir épuisé le sujet et d'avoir cerné le tout de cette personnalité multiple et fascinante. Pourrait-on y arriver jamais?

Au moment où commence cette biographie, le frère a quarante-quatre ans et, derrière lui, une assez longue carrière. Conrad Kirouac a vécu une enfance et une adolescence heureuses au sein d'une famille bourgeoise de la ville de Québec, jusqu'en 1901. Devenu membre de la communauté des Frères des Écoles chrétiennes, il a enseigné surtout au collège de Longueuil. En 1920, il s'est vu offrir la chaire de botanique à l'Université de Montréal, et depuis, sa renommée le précède dans tous ses déplacements.

Madeleine Lavallée

J'avais durant vingt-cinq ans collé mon oreille sur le sein bruissant de la terre laurentienne pour entendre battre son coeur et discerner les mille rythmes conjugués de ses vies végétale et animale. Longuement, j'avais interrogé l'homme, l'homme de mon pays. Mais, quand tout est dit, le Canadien français n'est pas vraiment le fruit longuement mûri du sol qui le porte, mais bien plutôt un exceptionnel produit du bouturage ethnique, un organisme d'adaptation dont les antécédences et les racines vraies sont ailleurs.

Je ne savais le vaste monde que par ouï-dire. Un jour, j'ai voulu voir la vraie figure de la Terre, connaître la Vie profonde et infiniment diverse que la brûlante fécondation du soleil engendre dans son sol généreux. J'ai voulu savoir si les hommes sont partout les mêmes sous des masques divers, si partout ils répondent mécaniquement aux mêmes appels, gémissent semblablement sous les mêmes fardeaux, et s'exaltent aux mêmes flambées de joie.

Et j'ai pris la longue route, seul, ouvrant sur toutes choses les yeux du géologue et du botaniste, du fervent de l'art et du curieux de l'homme et du chrétien aussi.

MARIE-VICTORIN, F., é.c., «Croquis africains», *Le Canada français,* 2e série, vol. 23, no 8, avril 1936.

I

POUR UN JARDIN

Le Frère Marie-Victorin au Caire, en 1929.

1

1929: VOYAGE À TRAVERS TROIS CONTINENTS

Voyageur par nécessité, mais également par inclination
personnelle, le Frère Marie-Victorin a consacré presque tous
ses loisirs à parcourir la province, le pays, les continents, pour
y observer la nature sous tous ses aspects et sous toutes les
latitudes, C'est ainsi qu'en 1929, il est délégué par l'Université
de Montréal où il occupe la chaire de botanique, à Capetown,
en Afrique du Sud, au Congrès de la *British Association for
the Advancement of Science*.

> J'entreprends aujourd'hui un grand voyage, le plus
> considérable que je ferai jamais, probablement. Je
> vais aux antipodes chercher la santé, si Dieu le veut.
> (...) Le religieux, l'homme, le botaniste y trouveront
> leur compte. Je reviendrai, je l'espère, avec des vues
> plus justes sur l'homme, sur la vie, sur le monde, sur
> Dieu.[1]

C'est en ces termes laconiques que, le 16 mai 1929, le frère entreprend la relation d'un voyage qui le conduira, d'escale en escale, jusqu'à l'extrême pointe méridionale du continent noir. Cette relation devait rendre compte de nombreux contacts humains, de découvertes scientifiques intéressantes, des merveilles de l'art et de la nature, et d'un passé chargé des souvenirs des civilisations qui l'ont traversé. Elle révèle chez son auteur une profonde sensibilité, une vive intelligence, une culture raffinée et un esprit particulièrement ouvert; Marie-Victorin s'y montre à la fois éducateur, homme de science, religieux et poète.

Durant ce voyage, qui le met en contact avec les Noirs sur leur propre continent, il peut, d'un seul regard, saisir l'odieux de certaines conditions de vie et les consigner pour les mieux dénoncer. Si aujourd'hui, l'Afrique, du nord au sud, de l'est à l'ouest, a secoué le joug des puissances étrangères, en 1929, le colonialisme est, semble-t-il, à son apogée.

Le Frère Marie-Victorin, descendu à l'île Sainte-Hélène, a noté que la population de Jamestown presque entièrement composée de Noirs ou de Mulâtres vit de la «manne» que lui apporte le bateau britannique, une fois le mois. Aux yeux d'un homme sensible et, qui plus est, religieux et éducateur, une telle dépendance paraît pour le moins dévalorisante. Aussi la conversation avec les collègues et particulièrement avec les hôtes porte-t-elle souvent sur les conditions de vie des Noirs d'Afrique «plus misérables que l'esclavage». Le docteur Compton, de Capetown, tente de donner une explication, à la défense des Blancs: ceux-ci mettraient à peine deux ans pour assimiler les préjugés ambiants, abandonnant ainsi les idées libérales qu'ils avaient en arrivant; le bon marché des serviteurs les encouragerait, paraît-il, à délaisser les travaux manuels.

Mais la sujétion des Noirs envers les Blancs va encore plus loin et l'argent que l'on perçoit d'eux ne leur revient pas comme il conviendrait:

Les indigènes sont astreints à la *hut tax* qui est d'une livre sterling. On se demande ce qu'ils reçoivent en retour. On fait des chemins dont ils n'ont que faire et on se garde bien de leur construire des écoles.

Au début du siècle, le général Lyautey, dans ses *Lettres du Sud de Madagascar*, reconnaissait «la faiblesse relative de l'enseignement pédagogique donné par les missions»; cependant, cet enseignement aurait, selon lui, l'avantage de ne pas préparer inutilement la population à des emplois inexistants. Moins de trente ans plus tard, la réflexion d'un directeur d'école normale de Naïrobi au Frère Marie-Victorin aboutit à une conclusion semblable, mais en partant de préoccupations différentes: ce qui, dans l'éducation d'un Blanc, est essentiel ne le serait pas nécessairement pour un Noir, car celui-ci a des traditions et un passé différents dont on devrait tenir compte.

En effet, si nos appareils perfectionnés de communication offrent des avantages techniques certains, le leur présente celui d'être plus poétique:

Dans toute l'Afrique centrale, le tambour est la voix qui parle à tous, qui convoque pour les rites magiques, qui transporte les nouvelles de montagne en montagne. Le tambour parle une langue savante, compliquée, nuancée. Cette nuit, sa voix se fait magique, rituelle. Musique étrange, effrénée, spasmodique qui n'est pas sans analogie avec le jazz.

À tout considérer, notre civilisation, victime des modes changeantes, a-t-elle réellement plus à offrir à ces fils de la nature?

Sur le fond lumineux du ciel de la jungle où passent et repassent de grands hérons blancs, les corps noirs tendus par l'effort prodiguent sans le savoir les gestes de beauté, révélant tout ce qu'il y a d'émouvant dans la forme humaine lorsque, affranchie de la superfétation du costume, elle ne s'harmonise plus qu'avec elle-même et avec le cadre naturel qui est son enveloppe, son involucre, pour ainsi dire.

Sont-ce là les propos d'un esthète ou ceux d'un homme respectueux de toutes les valeurs, quelles qu'en soient les couleurs? Peut-être bien les deux, qui ne sont pas incompatibles. On ne saurait certes leur préférer cette autre image de l'homme noir, «un chiffon autour des reins, demandant de la voix et du geste à plonger pour cueillir des sous blancs.»

Ce sont peut-être davantage les réflexions nostalgiques d'un humaniste sur une civilisation en train de mourir, à partir de sons et d'images cueillis au passage. Le tambour et le pagne d'une part, les sous blancs d'autre part sont des symboles de deux civilisations qui s'affrontent depuis plus d'un siècle, qui éprouvent certains attraits l'une pour l'autre, mais dont le mariage n'a pas été très heureux jusqu'à maintenant et encore moins à l'époque où l'auteur écrivait ces lignes. Le Frère Marie-Victorin pose donc un regard critique et ému sur les conditions de vie imposées aux Noirs en Afrique.

Sur ce sombre tableau, une lumière, tamisée cependant par la perspective de l'avenir: le charme des enfants, ceux de Jamestown, «très jolis, très polis, parlant bien l'anglais»; le sourire des fillettes, «mobilisées pour la vente des cartes postales»; les petites Indiennes de Zanzibar, «aux yeux pâles, charmantes sous leur bonnet doré», mêlées à un peuple «grouillant, suant, affairé»; et, dans le désert, au milieu des hommes en tuniques blanches et des noires femmes nubiennes, des fillettes «extrêmement jolies, dont les yeux pétillent d'intelligence (...) petits êtres de lumière et de joie», mais dont «la loi musulmane s'emparera pour (les) envelopper d'un suaire noir et (les) ensevelir dans le tombeau du gynécée.»

Le frère a en effet profité de la délégation à Capetown pour visiter non seulement l'Afrique, mais aussi l'Europe et le Proche-Orient. Sensible aux conditions de vie des habitants et surtout des plus démunis, mais sensible aussi à la beauté des paysages, sous sa plume la lumière et la couleur resplendissent ou s'estompent, les êtres et les choses prennent forme, un film se déroule sous nos yeux.

La campagne anglaise est une «mosaïque de pâturages exigus» où «les ajoncs en fleurs, c'est de l'or prodigué sous ce soleil de fête.» Arrivé à Plymouth, il se rendra à Londres, puis à Édimbourg «pays noir des mines», mais dont «les environs sont couverts de verdure», et à Cambridge aux «petites rues étroites et tortueuses, bordées de maisons basses» où déambulent des «étudiants en toge noire.»

La campagne française se pare de «jolis vieux villages avec leurs antiques maisons de pierre serrées autour de l'église». En Provence, avec «son ciel très pur, sa lumière intense, ses plantations d'oliviers et la vigne!», il se rappelle Mistral, Mireille et Tartarin.

En Espagne, il remarque la grâce ensoleillée de la Catalogne aux «côteaux couverts de pins parasols et de plantations d'oliviers», alors que vers Madrid, la campagne est désertique. Séville lui apparaît comme une «ville mauve, extrêmement pittoresque et colorée» où «les maisons sont d'apparence modeste mais avec grille de fer ouvragé, murs de faïence, patio avec fleurs et fontaine.» Depuis la Catalogne, il longe la côte occidentale de l'Afrique.

Aux îles Canaries, à Atalaya, la «population assez nombreuse de troglodytes» lui rappelle que «les Canariens remontent à Cro-Magnon», alors qu'à Ténériffe, la plus grande île, il est frappé par le «curieux mélange de vieille vie espagnole, de coutumes remontant aux indigènes Guanches et de vie européenne moderne, créée par le commerce de la banane.»

Jamestown, «petite ville fort pittoresque avec ses ânes, ses réverbères à pétrole», contraste avec le triste sort que le destin avait réservé à l'île Sainte-Hélène, dont elle est le chef-lieu:

Le soleil luit sur le rocher tragique, sur les flancs noirs et nus couronnés d'un peu de verdure (...) L'île avec ses quatre mille habitants ne vit plus guère que du souvenir de l'Empereur. Ce n'est qu'un volcan éteint où plane une grande ombre.

Au Transvaal, il visite Pretoria, la capitale, «ville claire où les édifices gouvernementaux de l'Union sont superbes, dominant la ville de leurs magnifiques terrasses», contrastant ainsi avec les «*slums* indigènes» de Johannesburg et les *compounds* noirs, «casernes où les compagnies logent les travailleurs.»

Le 17 juillet, il arrive au Cap:

> Juste devant nous se profile le massif de la Table. Nous sommes au bout de l'Afrique. Le paysage est superbe. Je suis consigné pour hospitalité privée chez M. Hugh Kinlay, dans la banlieue aristocratique de Capetown, un foyer de bons Irlandais catholiques (...) où je suis bien chez moi.

Après le Congrès, il traverse la Rhodésie et voit au passage «quelques femmes noires (...) immobiles tant que le train, la seule distraction de la journée, n'aura pas disparu à l'horizon.» À Fort Victoria, il est reçu chez un M. Holliday, «parti de l'Ouganda à pied, quinze ans plus tôt et devenu riche.»

Il traverse Kapite Plains dans le Kenya «où paissent tranquillement l'herbe jaunie, quelques autruches, des troupeaux de grues, de zèbres et des légions de gazelles. Rien n'est plus joli ni plus aérien que la gazelle de Thompson.»

L'Éthiopie est une «contrée de collines, de roches volcaniques noires et fortement érodées.»

Dans le Soudan anglo-égyptien, les bords du Nil sont «semés d'Acacias et de Dattiers.» Plus au nord, en Égypte, surgissent «les boutiques et les maisons carrées, plus loin les mosquées, le caravansérail, l'école musulmane, unités séparées par de vastes espaces de sable où dorment ou mastiquent des chameaux écrasés de gros ballots, (...) et des temples!»

À Éléphantine, «île verdoyante du Nil qui contient les ruines d'une ville et d'un temple (...), en marchant dans les décombres, j'aperçois les pieds d'une momie qui sortent d'un trou entre deux pierres.»

Puis, sur la rive droite, c'est Louksor et Karnak, temples dédiés à Amon: «Tombeaux bâtis pour l'éternité, en granit, alors que les maisons, demeures d'un jour, sont construites avec des matériaux fragiles.»

En auto, vers la vallée des rois:

> Solitude terrible, hostile, funéraire, bien faite pour
> servir de portique à l'au-delà. Paysage lunaire: roc
> et lumière. Pas une herbe, pas une fleur, pas un filet
> d'eau. Les Grands Pharaons du Nouvel Empire ont
> ici leur Maison d'Éternité.

En Palestine, les lieux saints font l'objet d'une description
où perce une profonde déception:

> Le site du baptême du Christ, rêvé de loin comme
> entouré de respect et de vénération, est en réalité un
> lieu sordide, habité par un Grec vénal qui y vit
> comme dans une écurie. On cherche à être ému, et
> on ne voit que déchets, paillis, chacal empaillé,
> mangé de vermine, enfants sales, limonade, cartes
> postales sans aucun rapport avec le lieu, d'ailleurs.

L'église du Saint Sépulcre n'a certes pas un sort meilleur.
Ce qui fait mal au coeur du croyant: cette effarante cacopho-
nie des chants rapides des Grecs et ceux des enfants coptes;
cette «querelle de prêtres à coup de liturgie d'où l'âme semble
partie»; ces espaces réservés aux uns, interdits aux autres,
qu'on ne traverse pas sans provoquer une querelle. Toutefois,
la visite des lieux saints a marqué son âme, puisqu'il écrit à
Mère Marie-des-Anges, sa soeur aînée, Adelcie, l'avant-veille
de Noël 1930:

> Maintenant que j'ai vu ces terres de lumière et de
> mystique aridité, je ne puis séparer dans mon esprit
> la grande figure du Christ et le cadre du Sermon sur
> la montagne, des paraboles et du Pater.

Par ailleurs, les lieux naturels où le blanc, un blanc
crayeux, semble dominer sont vus d'un oeil admiratif, celui
de l'artiste, celui du botaniste. Si le blanc des montagnes
assombri par les nuages ou par les dykes volcaniques, de
chaque côté de la mer Morte, en fait un paysage «dantesque»,
par contre, sur la route de Beyrouth à Tripoli, le blanc des
villages relevé par le vert des jardins et des plantations de
mûriers est féerique à contempler.

Un peu partout, des références historiques rendent les lieux signifiants; ainsi, le mont Carmel et ses prophètes:

> Élie luttant contre Baal et contre Jézabel, la Sidonienne; Élisée rappelant à la vie le fils de la Sunamite.

Saint-Jean-d'Acre et ses conquérants:

> Le Pharaon Tout-Ank-Amon, Sennachérib, saint Paul, Richard Coeur de Lion, Bonaparte.

Tripoli et ses commerçants:

> Tripoli, c'est-à-dire 'les trois villes', parce que trois villes phéniciennes: Tyr, Sidon et Aradus avaient ici des comptoirs entourés de murailles.

Et, quand les villes se font vieilles comme l'histoire qu'elles racontent:

> Toute la ville de Constantinople est couverte du chancre de vieux cimetières plus ou moins ruinés et d'environ cinq cents mosquées plus ou moins ruinées aussi. C'est d'ailleurs un caractère général ici: tout croule et on ne répare rien. Ville étrange en vérité. Les hommes usent les guenilles qui de tout l'Occident émigrent vers le Bosphore.

De retour en Europe, Prague avec son mystère, ses coutumes, ses hymnes et ses costumes aura, sur le frère, l'effet d'un charme:

> La mystérieuse âme slave, honnête et primitive, avide de beauté, légèrement intoxiquée par le vin de la science. (...) Les jeunes filles viennent à l'église, un gros missel posé sur un mouchoir brodé. (...) Les hymnes nationaux: (...) musique qui monte d'une vieille terre de foi, d'épée, de lutte, d'art et de chanson. (...) Costumes multicolores: mélange harmonieux de rouge, de bleu, de vert, d'or, avec des dentelles brochant le tout. Ces costumes nationaux faits à la main coûtent très cher. Par suite, les pauvres seuls, le dimanche, s'habillent à l'européenne.

En route vers Cologne, il relève quelques traits de la campagne allemande et de ses petites villes: «Cultures, forêts domaniales, tenue des parcs, campagne soignée, ratissée. Petites villes de brique que dominent les longs cigares des cheminées d'usines.»

Revenu chez les siens, les Frères des Écoles chrétiennes, il admire Besançon: «Vieille ville espagnole, disait Hugo! Vieilles maisons à pignons aigus, air provincial, ruines romaines, petites rues tortueuses. Beaucoup de charme!»

Dans toutes ces descriptions de campagnes, de villes et de villages traversés, de paysages admirés, perce toujours quelque sentiment: la joie et l'émerveillement qui se mêlent à la lumière et à la vie, aux couleurs claires et aux regards purs, mais aussi la déception et la tristesse à la vue de tout ce qui meurt, de tout ce qui est abandonné, de l'égoïsme et de la tyrannie, de l'orgueil et du mépris.

Le spectacle de la nature aura toujours ses préférences. Toutefois, celui qui, un jour, à hésité un moment entre les lettres et la botanique pour enfin sacrifier les premières, en garde malgré tout dans un coin de son coeur un attrait bien facile à comprendre. Son séjour dans la capitale de la francophonie lui offre maintes fois l'occasion d'assister à des représentations théâtrales ou d'opéra, tantôt à la Comédie-Française, tantôt au théâtre Sarah-Bernhart pour *La Dame aux camélias*, «extrêmement bien rendue», soit encore au théâtre de Cluny, aux Variétés, à l'Odéon, à l'Ambigu ou à l'Opéra-comique. *La Belle Marinière*, à la Comédie-Française, se mérite le commentaire suivant: «Trois actes sur une péniche. Psychologie bien compliquée pour une barge.» Au théâtre Brno à Prague, il assiste à un drame intitulé *Saint Wenceslas*.

À Strasbourg, il voit une version filmée du *Comte de Monte Cristo*, d'Alexandre Dumas. Le 9 novembre, il a la joie et l'honneur d'être présent à la cérémonie d'entrée à la Sorbonne, avec Henri Prat qui deviendra un collaborateur. On y confère un doctorat honorifique à Einstein, de même qu'à trois autres étrangers.

Mais, généralement, aux réceptions qu'il évite le plus possible, il préfère les discussions avec les personnes qu'il a le bonheur de rencontrer, soit à l'occasion du Congrès, soit lors de son passage dans l'une ou l'autre ville visitée. À sa soeur, Mère Marie-des-Anges, religieuse de Jésus-Marie, il écrit le 4 septembre:

> On s'instruit en voyageant, dit-on. Rien n'est plus vrai évidemment. Le voyage que nous faisons, en outre du vaste terrain couvert, nous met en relation avec des savants de premier ordre. En somme depuis trois mois, nous vivons dans une promiscuité complète. Sur le bateau, ce sont de longues causeries où les idées s'échangent, se discutent, s'ajustent.

Avec l'abbé Henri Breuil, un des grands noms de l'anthropologie, qui lui fait cadeau d'un tiré à part d'un de ses travaux, il échange, entre autres, sur les ouvrages de Teilhard de Chardin. À l'Institut Carnoy de Louvain, il rencontre le Chanoine Grégoire, très sympathique aux idées de Teilhard et de l'abbé Breuil, voyant plutôt dans le premier un philosophe et, dans le deuxième, un scientifique pur. À Lille, il rencontre le Chanoine Delépine et, à la Gare Saint-Lazare, il fait connaissance avec le Père de Bretagne.

Les excursions sont toujours suivies d'échanges, comme en témoigne ce passage de la relation:

> Durant la soirée (...) Priestley, Miss Scott, Rendle, l'horticulteur du gouvernement venu avec un vaste panier rempli de plantes, et moi-même, nous mettons en commun nos connaissances ou notre ignorance (...) Accroupis à l'indienne sur les tapis, nous bavardons et notons.

Le Dr Rendle est directeur de l'Herbier du *British Museum* et M. J.H. Priestley est botaniste à l'Université de Leeds. D'autres grands noms figurent sur la liste de ses interlocuteurs: Sir Robert Falconer, le professeur Seward, directeur de l'École de botanique de Cambridge, M. Hitchcock de Washington, le chanoine anglican Wilfrid Parker, le professeur Freudenberg, chimiste d'Heidelberg, enfin le professeur

Musketoff, chef des Services écologiques de toutes les Russies et directeur de l'École des mines de Leningrad, qui fut un agréable compagnon au cours d'excursions.

Le hasard ou plutôt la Providence lui permet parfois de rencontrer une âme qui se cherche. Il ne manque pas une telle occasion d'aider à voir clair. C'est ainsi qu'à Prague, chez des amis, il «cause religion» avec Martha qui

> ne peut comprendre qu'un intellectuel soit croyant. J'essaie de mon mieux de lui faire comprendre combien le plan de la connaissance scientifique et de l'esprit scientifique d'une part, et celui de l'expérience religieuse d'autre part, sont distincts, parallèles pour ainsi dire. J'essaie de lui faire sentir que les certitudes mystiques et les ondulations de l'éther sont également indémontrables, ces dernières pouvant seulement être mesurées. M'a-t-elle compris? M'a-t-elle cru? Je ne sais.

Dans ces pays d'un autre âge, le Frère Marie-Victorin se plaît à contempler les monuments, non seulement ceux que le temps a marqués pour les rendre plus riches, plus nobles, mais également ceux dont les ruines muettes évoquent une tragique histoire de vie et de mort. Il rapporte de ce voyage une hache chelléenne (datant de la préhistoire) qu'il conservera sur sa table de travail pour lui dire à tout instant la brièveté de la vie et la fragilité des civilisations.

> La nôtre dont nous sommes si fiers passera comme les autres. (...) Le Pharaon Akhenaton avait rêvé d'établir en ce monde le règne de la justice et de l'amour. Malgré sa puissance et son intelligence, il échoua misérablement, parce qu'il n'était qu'un homme.
>
> Treize siècles plus tard, sur les collines arides de Judée, un autre reprit le grand rêve du Pharaon. (...) Il n'avait pas de soldats, il n'avait pas de capitales, mais (...) il était Dieu lui-même.
>
> Et sa voix a été entendue. Cette doctrine de justice

et d'amour qu'Il nous donna, nous en vivons, et c'est tout ce que nous sauverons de cette civilisation du fer et du charbon, qui va périr.

De tels commentaires révèlent bien, chez leur auteur, le penseur et le religieux à la vaste culture. Mais les jardins, les musées et tout ce qui a trait à la botanique présentent évidemment un intérêt particulier pour le scientifique; ils seront même une source d'inspiration, avant de devenir des modèles.

Il visite donc tout d'abord le Jardin botanique de Kew, puis la vieille station expérimentale agricole de l'Angleterre, à Rothamsted, et, bien sûr aussi, le *British Museum* et la *Linnean Society*, à Londres. Au Jardin botanique de Kew, il remarque particulièrement les grandes serres, les conifères vieux et imposants, le *rock garden* et le magnifique étang à nénuphars.

À Paris, il se rend au Jardin du Luxembourg, au Jardin des plantes et au Jardin zoologique, puis à l'Institut Pasteur. Il traverse le Bois de Boulogne à pied. Il voit la forêt de Saint-Germain-en-Laye, autrefois réservée pour les chasses royales, et celle de Fontainebleau où il fait des observations comparatives.

À Icod, aux îles Canaries, il a le bonheur de voir un arbre célèbre par sa grande taille et par son âge, un Dragonnier, «un des derniers témoins d'une flore morte avec le Tertiaire.»

À Capetown, du *Kirstenbosch*, Jardin botanique de l'Afrique du Sud, il décrit surtout un arbre au feuillage argenté, le *Leucadendrum argenteum*. Puis, il consacre près de trois pages à la description du *Welwitschia,* admiré au *South African Museum*. Des excursions botaniques et des tournées dans la péninsule agrémentent son séjour dans cette région. Au Congrès, à l'Université, il assiste entre autres au symposium sur la nature et sur l'origine de la vie, sujet qui le passionne, et sur l'origine de la flore du Cap, sous la présidence de la princesse Alice, fille du gouverneur-général, le duc d'Athlone. Son exposé intitulé *Some Evidence of Evolution in the Flora of Northeastern America* qui intéresse grandement les botanistes sera reproduit dans le *Journal of Botany* de juin 1930.

Voici quelques extraits de cet exposé et son sens général:

> The hypothesis of an undisturbed primitive equilibrium is a geological and biological absurdity, especially in the old region of the Laurentian shield, time and again buried under seas, now a mountain range and now eroded into a low peneplain; and finally, planed and polished by repeated Pleistocene glaciations. (...)

> The forces which gradually modify the figure of that flora are of different nature, but only those which can be grouped under the caption Evolution will be considered here.

L'évolution peut être continue ou discontinue. Le frère fait l'analyse de deux cas d'évolution discontinue dans les genres *Senecio* et *Crataegus*:

> This long rayed and bright green species (*Senecio pseudo-Arnica*) gives rise to a wonderfully distinct mutant with extremely short rays and strong erythrism, which the writer described as *Senecio Rollandii*. (...) There are no intermediates, the mutant plants are healthy, without any trace of traumatism or parasitism.

Par ailleurs, le frère, s'appuyant sur des auteurs connus, présente une série de chiffres qui montrent l'évidence d'une évolution du genre *Crataegus*: en 1848, Gray en note six espèces; en 1901, Britton en relève trente et une; en 1908, Small en compte cent quatre-vingt-cinq et, en 1929, grâce aux travaux de plusieurs spécialistes et surtout à ceux de Charles Sprague Sargent, on peut en identifier environ un millier. Ceci est dû principalement au grand nombre de caractères ou d'éléments d'intégration qui offrent un immense éventail de combinaisons.

En ce qui concerne l'évolution continue des espèces, deux facteurs en sont la cause: tout d'abord, l'invasion de la mer qui sépara l'Amérique du Nord en deux parties longitudinales, à la fin du Crétacée et aussi la disparition, durant la période nummulitique, du pont naturel qui reliait l'Amérique du Nord à l'Europe depuis le Cambrien. L'isolement qui en résulta fut la cause de la perte de certaines espèces dans l'une ou l'autre région.

À la fin du Tertiaire, la flore du nord de l'Amérique fut soumise à la glaciation du Pléistocène et à la glaciation Wisconsin. L'avance et le retrait des glaces eurent une influence mortelle sur la flore et la faune. Mais certaines régions autour du Golfe du Saint-Laurent échappèrent à la glaciation Wisconsin. On retrouve encore des endémiques et surtout le *Gentiana Victorinii* allié au *Gentiana nesophila* mais sûrement distinct de lui.

Et le frère continue ses explorations. Le travail dans les mines excite sa curiosité, particulièrement les lavages successifs de la kimberlite qui servent à dégager et à recueillir les très petits diamants, à la *Beers Consolidated*.

Il apprend qu'une saline de la mer Rouge donne environ 120 000 tonnes de sel par année. En route vers la mer Morte, il voit la flore méditerranéenne disparaître graduellement pour faire place à une flore de steppe rocheuse d'affinité asiatique. Après avoir remarqué en Afrique centrale la grande dislocation africaine, il en contemple l'extrême-nord, avec son ami Lloyd. La mer Morte, dont il décrit l'environnement biologique, possède une caractéristique unique au monde: elle «contient de 24 à 26 % de matières solides, densité telle qu'un homme n'y peut plonger sans difficulté.»

En Tchécoslovaquie, il visite à Prague l'Institut botanique et l'Institut de physiologie de l'Université. Il admire au musée principal *Masaryk* un bel herbier morave et une superbe collection de champignons en bois illustrant toutes les espèces de la république.

Le Jardin botanique de Berlin lui apparaît très grand, très scientifique. Cependant, c'est à Cologne qu'il sera ravi. Tout d'abord, par son Jardin zoologique, «remarquable aussi bien par le cadre naturel et artistique que par le nombre et la qualité des espèces animales», mais surtout par son Jardin botanique qui dépasse largement son attente:

On y accède par un parc magnifique où de grands arbres se distancent sur une pelouse fine. De magnifiques plates-bandes d'Immortelles conduisent à l'édifice central, véritable monument qui semble être un vaste et somptueux café. C'est seulement alors que commence le jardin proprement dit: serres tropicales, serres à *Victoria regia*, rocailles, étangs, etc. Certains coins du Jardin embellis par les merveilles de l'art, sont admirables. De chaque côté de l'eau qui court et qui chante se développent une belle allée et une tonnelle d'ormes.

Le Jardin botanique de Bruxelles, qu'il visite avec le Frère Réole, est selon lui «très bien quoique de dimensions restreintes et orné partout de statues.»

Mais s'il est un Jardin qui se présente comme un défi à relever, c'est celui d'Orotava aux îles Canaries. Si un archipel aussi petit possède son Jardin botanique depuis 1795, à plus forte raison Montréal, la métropole du Canada, doit-elle avoir le sien. L'idée fera son chemin: dix ans plus tard, Montréal pourra offrir à sa population et à ses nombreux visiteurs le spectacle d'un Jardin dont les dimensions, la beauté et l'intérêt scientifique seront comparables aux plus grands.

Ainsi, ce voyage de cinq mois, le frère pourra le revivre, grâce à cette relation où les commentaires et les impressions s'ajoutent aux descriptions détaillées de tout un monde considéré non seulement avec un regard attentif, mais avec un coeur sensible et un esprit critique.

De retour au Québec, le 23 novembre, il peut écrire: «Dieu soit loué qui m'a protégé durant ce long périple et qui me redonne ma place dans le champ du labeur.»[2]

2

UN LANCEMENT PLEIN DE PROMESSE

Les souvenirs de ces mois passés outre-mer ne sont pas près de s'effacer. Dès son retour, le Frère Marie-Victorin en fait bénéficier ses amis, ses disciples et les membres de la Société canadienne d'histoire naturelle dont il est le président. Les séances qu'il consacre à décrire ce qui l'a davantage frappé dans ses visites, notamment des jardins botaniques et des musées, l'aident en même temps à mettre au point sa relation de voyage. Grâce également aux nombreuses photographies qui accompagnent ses récits et ses descriptions, il décuple l'intérêt de son auditoire, tout en maintenant claires et vives en sa mémoire des images qui autrement risqueraient de s'estomper peu à peu.

Ainsi, l'éducateur ne perd pas une occasion de communiquer les sentiments éprouvés et les connaissances acquises, au cours de son périple. Cependant, ce voyage n'aura pas profité uniquement au cercle restreint de ses disciples et amis; c'est toute une population qui, dans quelques années, pourra admirer sur place ce que Marie-Victorin n'avait pu voir qu'après avoir parcouru des milliers de milles.

L'idée qui a germé dans son esprit, depuis Orotava et son Jardin botanique, se fait de plus en plus précise et insistante. Le frère réussit à communiquer son enthousiasme: dans son discours présidentiel à la Société canadienne d'histoire naturelle, trois semaines à peine après son retour, soit le 14 décembre 1929, discours reproduit dans le *Naturaliste canadien*, de février 1930, il propose la fondation du Jardin botanique de Montréal.

Il rappelle en premier lieu que l'idée d'un Jardin botanique à Montréal n'est pas nouvelle, puisqu'il en avait déjà été question en 1885. Le Jardin devait occuper soixante-quinze acres sur le mont Royal; commencé grâce à des dons privés, il avait été discontinué pour des raisons politiques.

Puis, le frère transporte son auditoire à travers le temps et l'espace, pour lui faire admirer les plus beaux jardins du monde:

> Le premier jardin botanique fut sans doute celui de l'Eden, et il est agréable à un botaniste de noter que le berceau de l'humanité fut un berceau de feuillage. Mais comme il appert qu'un certain arbre de ce jardin nous a laissé d'amers souvenirs, il vaut sans doute mieux chercher dans les vieilles annales de l'humanité.

Des dessins gravés dans la pierre de son tombeau montrent Ramsès le Grand cultivant, sur les rives du Nil, des plantes qu'il avait rapportées de Palestine. De même, Théophraste, élève d'Aristote, élabora son *Histoire des plantes* dans le calme du Jardin botanique de Demetrios de Phalère. Puis, au Moyen Âge, les moines cultivèrent les premiers jardins de simples autour des moutiers. Enfin, au cours des siècles suivants, cette tendance alla en s'accentuant:

> Au milieu du 17e siècle, Bologne, Montpellier, Leyde, Paris et Uppsala nous offrent des jardins où

se manifeste le souci de la recherche. (...) Au 18e siècle s'éveille une véritable passion pour les beaux jardins où l'art essaie d'en remontrer à la nature. (...) Les grands seigneurs du 18e siècle emploient à dessiner leurs parcs et à planter leurs roseraies les meilleurs botanistes et horticulteurs. (...) Avec le 19e siècle, s'opère la démocratisation des jardins botaniques, et désormais la 'canaille' et la 'roture', les gens 'sans naissance' qui hier encore jouissaient du seul privilège de la taille et de la corvée sont admis au festin royal que Dieu, son soleil et ses fleurs tiennent toujours servi. Il y a aujourd'hui de par le monde des centaines de Jardins botaniques:

• *Les Jardins botaniques de Kew* dans la banlieue de Londres, propriété personnelle de Lord Capel en 1759, devenue propriété nationale en 1840, couvrent plus de 260 acres.

• *Le Jardin botanique de Berlin* remarquable par sa serre de palmiers de 30 mètres de hauteur, la plus haute du monde.

• *Le Jardin des plantes de Paris*, très vieille institution fondée en 1635 et qui eut pour premier intendant Guy de la Brosse.

• *Le Jardin botanique de New York* fondé en 1891, «couvre une étendue d'environ 400 acres de terre et présente les paysages les plus divers.»

• *L'Arnold Arboretum de Boston*, la plus grande institution du genre dans le monde entier fondée à la suite d'un legs de 1 000 000 $ fait en 1870 par James Arnold.

• Un type de *Jardin botanique* éloigné des grandes capitales, celui *de Buitenzorg* à Java, le plus grand Jardin botanique au monde occupant 1 100 acres, fondé en 1827 par le gouvernement de Hollande.

La contemplation des Jardins du monde, complétée par sa réflexion personnelle, amène le frère à conclure que le Jardin botanique moderne doit être utilitaire, esthétique et philanthropique.

Après avoir ainsi entraîné son auditoire au-delà des mers, il le ramène à Montréal, ville d'un million d'habitants «admirablement située», mais «sans beauté»:

Sans le mont Royal, déjà aux deux tiers défloré (...) sans nos eaux fluviales que nous n'avons pas la possibilité d'enlaidir, notre ville serait un énorme faubourg sans caractère et sans originalité. (...) Il en est des citoyens pour la Cité comme des enfants pour la maison. Il faut la leur rendre agréable et l'orner, sans quoi ils chercheront ailleurs ce qui leur manque chez eux.

Sur ce dernier argument, de nature à emporter l'adhésion, il propose comme site du Jardin le parc de Maisonneuve, disponible, susceptible d'agrandissement, facilement accessible, dégagé sur un côté et offrant d'autres avantages pour l'aménagement et l'entretien du Jardin. Dans une dernière envolée, il fait appel à la fierté patriotique de son auditoire:

La Société d'histoire naturelle, par la voix de son président, se permet donc d'attirer l'attention du public sur cette question. (...) Elle se sentira fière si les étrangers, touristes, hommes d'études ou savants, en arrivant en notre ville après la remontée magnifique du Saint-Laurent, trouvent tout de suite, au seuil de cet immense Canada, dans ce centre où convergent toutes les routes de l'Amérique orientale, s'ils trouvent, dis-je, rassemblées par le concours de la science et de l'art dans le Jardin botanique de Maisonneuve, toutes les merveilles végétales de notre grand pays.

Reproduite dans *Le Devoir*, cette conférence, par l'importance du projet qu'elle lance, se prête à un éditorial que Louis Dupire, grand ami de Marie-Victorin et enthousiaste des sciences naturelles, lui consacre le 17 décembre. Le lendemain, un ancien condisciple de Conrad Kirouac à l'Académie commerciale de Québec, l'échevin Léon Trépanier, leader du Conseil municipal, écrit au président de la Société pour «l'assurer de l'intérêt que prend la ville de Montréal à cette suggestion.» Le 27 janvier, lors d'une assemblée spéciale, la S.C.H.N. fonde l'Association du Jardin botanique de Montréal. Le maire de Montréal lui-même, ancien élève et ami fidèle de Marie-Victorin, présente le projet du Jardin botanique dans son programme électoral:

> Durant sa campagne pour la mairie, Son Honneur le Maire Camillien Houde promit à plusieurs reprises à la population de faire tout en son pouvoir pour doter la métropole du Canada d'un vaste Jardin botanique qui pût être à la fois un lieu de saine récréation pour le peuple, un attrait pour nos milliers de touristes et un secours pour l'éducation à tous les degrés.[3]

Marie-Victorin rappelle aussi, avec fierté, dans ce même discours à la S.C.H.N. en janvier 1934, «l'unanimité» qui s'était faite dès les débuts autour de l'idée du Jardin botanique.

Toutes ces forces conjuguées ne seront pas superflues pour lutter contre les difficultés quasi insurmontables de la crise économique et contre l'hostilité de certains parlementaires opposés au projet. Mais le vent souffle dans les voiles et, à ce moment-ci, tout espoir est permis.

Le Frère Marie-Victorin, au Kenya, en 1929. Myrmécodies sur *Acacia Karoo*.

Le Frère Marie-Victorin, à Thèbes, en 1929. Le temple de Karnak.

Le Frère Marie-Victorin (Conrad Kirouac) à 16 ans.

3

UN DESTIN SE PRÉPARE

Les assises sont jetées. Quinze ans plus tard, en 1944, avant de quitter cette terre, Marie-Victorin aura vu son rêve matérialisé. On peut se demander comment, affligé d'une santé sans cesse menacée et en dépit des voix qui s'y opposaient, il a pu réaliser cette oeuvre gigantesque. Le plus étonnant est que cette santé chancelante même fut, justement et contre toutes les prévisions, à l'origine de sa vocation de grand botaniste.

En 1903, après une hémorragie pulmonaire, le frère doit quitter sa classe de quatrième année, pour une cure de repos et de grand air. L'endroit ne peut être mieux choisi: la campagne de Saint-Jérôme offre à la fois l'air pur et un terrain propice à l'étude des plantes. Le jeune scolastique, dont l'esprit toujours en éveil voudra d'instinct et toute sa vie percer le mystère de tout ce que le hasard mettra sur son chemin, placé en pleine nature, au milieu des plantes, se met à les étudier.

Un jour, muni de la *Flore canadienne* de Provancher, assis sur une pierre, il essaie en vain d'identifier une petite fleur jaune. Un «habitant» l'aperçoit, s'étonne de son ignorance et, amusé, lui révèle le nom vulgaire de cette plante: c'est «l'Ail-douce». Provancher, qu'il consulte sur le champ, lui en apprend le nom scientifique: l'Érythrone d'Amérique; le frère est tout heureux. Il attribuera plus tard à France Bastien sa carrière de botaniste: «sans lui, je me serais peut-être dépité là sur cette pierre.»

Il plaisantait, car c'est précisément sur le terrain destiné à devenir le Jardin botanique de Montréal, où se trouvait alors le Mont-de-La-Salle, noviciat des Frères des Écoles chrétiennes, que le jeune postulant, dès 1901, fait ses premières découvertes. Déjà attiré par les plantes, il aime, durant ses loisirs, accompagner le frère jardinier et lui rendre de menus services. Cependant, cela ne suffit pas à façonner même un botaniste en herbe. C'est alors que le Frère Alfred, professeur d'anglais, dont le violon d'Ingres est la botanique, lui apprend à utiliser les clefs analytiques. Cette connaissance lui permettra, deux ans plus tard, à Saint-Jérôme, de fouiller la *Flore canadienne* avec plus de succès.

Toutefois, ce penchant naturel du jeune frère pour les sciences, l'adolescent de Saint-Sauveur de Québec l'a déjà développé. Ce sont elles qui l'attirent, les jours de parloir, au couvent de Sillery, sous prétexte d'y voir ses soeurs pensionnaires, en réalité, pour y rencontrer l'aumônier, l'abbé Octave Audet. Ce cher abbé lui ouvre, en même temps que les portes de son laboratoire, celle des connaissances scientifiques.

À vrai dire, l'attrait particulier du frère pour la botanique est né de ses contacts répétés avec la nature, alors que, jeune enfant, il doit passer ses étés à la campagne. Sa faible constitution oblige dès lors ses parents à se séparer de lui durant les grandes vacances, pour permettre à ses poumons, déjà menacés, de respirer un air plus pur que celui de la basse-ville de Québec. C'est d'abord à l'Ancienne Lorette chez le grand-père Kirouac, pendant deux ou trois étés, et par la suite à Saint-Norbert d'Arthabaska, dans les Cantons de l'Est, chez les grands-parents Luneau: l'esprit combatif de ses grands cousins de l'Ancienne Lorette vaut à l'enfant timide de s'éloigner ainsi un peu plus de ses parents.

Petit-fils de cultivateur, il apprend très tôt la force des liens qu'une communion constante avec la nature crée entre elle et l'homme; combien les racines d'un arbre, par exemple, peuvent être plus profondes encore dans le coeur de l'homme que dans le coeur de la terre. Dans quelques années, sa description si sensible de l'abattage de l'Orme des Hamel montrera combien son regard pénétrant perçoit au-delà de la matière, cette «âme qui s'attache à notre âme et la force d'aimer». Si l'on peut supposer une âme à des objets inanimés, comme cela doit être encore plus vrai des êtres vivants que sont les plantes. Il se rappellera le geste charmant des enfants entourant de «la couronne de leurs petits bras» ce géant de douze mètres de tour de taille qu'était l'Orme des Hamel. La description qu'en fait l'adulte montre bien son attachement de toujours:

> L'Orme des Hamel! Je l'ai vu bien des fois et sous toutes les lumières. Je l'ai vu quand le printemps commençait à peine à tisser la gaze légère des jeunes feuilles, sans masquer encore la musculature puissante des grosses branches. Je l'ai vu aux petites heures, sensible à la prime caresse du soleil, accueillir avec un profond murmure la fine brise du matin. Mais c'est surtout le soir, quand nous redescendions vers Québec, qu'il était beau. Je manquais de mots alors, mais les images sont là, très nettes, dans ma mémoire. La lumière horizontale retouchait la forte tête et charpentait d'or bruni le baldaquin immense royalement dressé dans le ciel apâli. Puis, avec la retombée du soleil, les verts se fonçaient, des trous noirs se creusaient dans la masse lumineuse, et peu à peu, à mesure que l'ombre montait derrière, le charme s'éteignait doucement! Vers l'heure où notre voiture passait au pas sur le pont Radeau, l'Orme des Hamel se fondait dans la grande nuit.[4]

Le frère conservera toute sa vie une prédilection pour l'arbre. Il en fera sa méditation, il le décrira et le photographiera.

Dans une causerie prononcée dans le cadre de l'émission *La Cité des plantes*, à Radio-Canada, le 12 octobre 1943, il définit l'arbre et le place bien haut dans l'échelle des êtres; chaque espèce se voit reconnaître ses caractéristiques particulières. Il le compare à l'homme et lui transmet le message qu'il lui livre:

> Chef-d'oeuvre de la nature et dont la beauté n'est surpassée que par l'immatérielle beauté d'un être bien différent qui vit et se meut sous son ombre — portant au front l'étoile de la pensée.[5]

Le frère continue sa comparaison: tout comme l'homme, l'arbre a besoin pour vivre d'air, d'eau et de sommeil; et, pour assurer la continuité de son espèce, d'un acte d'amour; il a une patrie et, s'il doit soutenir son frère, il n'est pas à l'abri des luttes fratricides: c'est le triomphe du fort sur le faible; et, quand sa mission est accomplie, il retourne à la terre. S'il est impuissant à dire le poème de sa vie intérieure, il parle cependant un autre langage, et voici ce que l'homme peut en saisir:

> Il peut, (...) sans rompre son auguste silence, nous apprendre à nous tenir droit, à chercher les hauteurs, à raciner profondément, à purifier le monde, à offrir généreusement à tous l'ombre et l'abri.

> Ainsi l'arbre est la vérité parce qu'il est l'ordre et la continuité; il est la beauté, parce qu'il émeut en nous des fibres qui trempent tout au fond du creuset révolu d'où sortirent, des mains de Dieu, les deux oeuvres de choix: l'arbre et l'homme.[5]

Le frère s'attache également très jeune à la terre nourricière et des arbres et de toutes les plantes qu'il aime, et pourra dire par la bouche de son Félix des *Récits laurentiens:*

> La terre (...) c'est l'aïeule dont le soin nous est légué par la vie et la mort des autres. Comme les très vieux, elle est sans mouvement et sans défense, mais elle sait encore sourire par toutes ses fleurs et, au bon matin, pleurer de tous ses brins d'herbe. Elle a

un langage mystérieux, mais distinct comme une parole humaine pour qui sait l'écouter.[6]

Sans le soleil qui réchauffe et éclaire, rien ne vit, tout disparaît. Sa lumière révélera au frère la beauté des paysages dont, toute sa vie, il voudra se remplir les yeux et l'âme. Ses voyages, ses excursions de botanique lui en fourniront maintes fois l'occasion.

Le soleil luit sur une mer gris perle qui baigne un rivage de granit. Il touche de sa baguette ce qui n'est en somme qu'une affreuse solitude, et aussitôt, à l'horizon, la mer verdit, la mort s'anime, et le silence lui-même prend une voix! (...) Le même soleil créateur rappelle, des anses où ils ont passé la nuit, les groupes de goélands. (...) Les sept ou huit maisonnettes blotties autour du phare (...) rient à la lumière renaissante.[7]

Toutefois, la grande passion de son enfance demeure le «grand ruisseau» de Saint-Norbert où il aime taquiner la truite:

J'affirme que ceux qui n'ont pas pratiqué les ruisseaux ne connaissent pas l'art délicieux de la pêche. (...) On laisse tremper cinq ou six pouces de corde dans cet angle noir où s'est ramassée un peu d'écume savonneuse. Et, tout à coup, vous sentez une petite furieuse qui se démène et veut vous entraîner, vous, votre corde et votre manche dans son repaire. Vous tirez violemment et — il n'y a pas de bonheur comme ça sur terre — la petite chose brillante et rageuse se tord au soleil, tandis que vos copains jaloux quittent leurs places et arrivent à toutes jambes essayer la vôtre! (...) Oh! ces ruisseaux dans les bois! Ce sont eux, je le crois bien, qui ont fait de moi le sauvage impénitent que je suis! (...) Les pieds dans l'eau glacée, les mains plongeant avec volupté dans les coussins de mousse, je me penchais longuement sur le miroir de l'eau où, sur un fond de feuillage broché d'azur, une tête d'enfant, nimbée de paille blonde, rêvait ces chers et purs rêves de dix ans qu'on ne retrouve plus.[8]

La nature a souvent été pour les âmes unies à Dieu un moyen de rejoindre le Créateur. Il ne serait donc pas présomptueux d'affirmer que l'âme religieuse de Conrad Kirouac pouvait être attirée par les fleurs, les ruisseaux, la terre, le soleil et les montagnes, parce qu'ils lui manifestaient cette Beauté qu'inconsciemment il recherchait.

Est-il nécessaire de remonter plus loin pour expliquer le choix que le frère fit de la botanique? Tout l'y appelait et tout l'y conduisit.

4

UN CHOIX DIFFICILE

Les expériences heureuses du petit Conrad Kirouac, durant les seize premières années de sa vie, ne font qu'intensifier cette prédilection pour les choses de la nature et les lui rendre de plus en plus familières. La leçon de France Bastien, celles plus précieuses et plus scientifiques de l'abbé Audet et du Frère Alfred l'engagent dans une voie qui le conduira jusqu'à la chaire de botanique de l'Université de Montréal, en 1920. L'année précédente, l'Université, jusque-là affiliée à l'Université Laval, devenait autonome, en vertu d'un rescrit du pape Benoît XV. Sa première charte lui est octroyée en 1920.

À ce moment, Marie-Victorin a trente-cinq ans et ne possède aucun diplôme universitaire. Cependant, sa renommée de botaniste est telle que le docteur Ernest Gendreau n'hésite pas à le recommander au recteur, Monseigneur Georges Gauthier, pour occuper cette chaire de botanique qu'il vient de créer, à l'intérieur de la Faculté des sciences. Le Frère Marie-

Victorin est, à son avis, le Québécois le mieux préparé à remplir cette fonction.

À ce tournant de sa carrière, les écrits du frère témoignent de son ambivalence. Parallèlement à des textes purement scientifiques, parus principalement dans *Le Naturaliste canadien*, le frère rédige des articles où le botaniste prête la plume au littéraire qu'il demeurera plus ou moins toute sa vie. Ces articles paraîtront notamment dans *Le Devoir*, certains sous le titre «Billet du soir», signés M. son pays, dans *L'Action catholique* ou dans *Le Pays laurentien*. Mais c'est surtout dans deux ouvrages qui sortiront, le premier, *Récits laurentiens*, en 1919, et le second, *Croquis laurentiens*, en 1920, que la muse du frère rendra la science accessible à de simples profanes. Ceux-ci, leur curiosité une fois éveillée, voudront peut-être poursuivre leur recherche ou auront, tout au moins, le temps d'une lecture, passé un agréable moment en compagnie d'un homme cultivé, ce qui ne nuit jamais à personne.

Depuis ses années de noviciat, les jours de congé et les vacances d'été du frère sont consacrés à herboriser. Enseignant à Westmount en 1904, il amène ses élèves herboriser sur le mont Royal et enregistre les résultats dans son journal intime: «Je m'occupe de botanique. J'ai déjà recueilli et classé une douzaine de plantes. Je prendrai l'habitude de consigner la date de leur découverte dans mon journal.» (1904)[9] Mais il fera plus et les découvertes de cette année, comme celles des années suivantes, seront décrites dans la *Revue trimestrielle canadienne,* de novembre 1918, dont voici un extrait:

> La flore du mont Royal a toujours été la base des connaissances botaniques des amateurs de notre région. Elle contient quelques éléments assez spéciaux. Outre les Trilles, les Sanguinaires, les Hépatiques, on y trouve aussi la Saxifrage de Virginie, l'Orchis brillant, l'Ancolie du Canada, l'Atragène d'Amérique, l'Asplénie trichomane, la Cryptogramme de Steller.[10]

En lisant ce texte, le botaniste voit son imagination se remplir de couleurs et de formes bien précises, mais, pour le profane, ces noms ne suscitent aucune image connue. La *Flore laurentienne*, ouvrage scientifique également écrit par Marie-Victorin, lui en fera une description détaillée. Par exemple, sur la Sanguinaire, de la famille des Papavéracées, il pourra lire:

> Plante acaule à rhizome horizontal et à latex rouge. Feuille solitaire, basilaire, 5-9 lobée, cordée ou réniforme; fleur blanche solitaire. Sépales 2, caducs. Pétales 8-16, tombant à bonne heure. Étamines en nombre indéfini. Capsule oblongue ou fusiforme.[11]

Suit une description de la Sanguinaire du Canada puis l'histoire et certains détails de cette fleur au nom évocateur de violence; ainsi, le lecteur apprend ce qui lui a mérité ce nom, l'usage que les Indiens en faisaient et celui de la pharmacopée américaine, mais aussi le danger de l'utiliser à forte dose; il saura de plus que ses pétales bougent et que les abeilles domestiques assurent le transport de son pollen d'un jaune vif.

Très tôt, la frêle santé du jeune religieux oblige ses supérieurs à lui adjoindre un frère bourguignon qui deviendra le compagnon de toutes ses excursions et un ami très dévoué. Ce Frère Rolland-Germain est un érudit en chimie, en physique, en sciences naturelles et un spécialiste en taxonomie. C'est donc à lui incontestablement que Marie-Victorin sera redevable de sa connaissance des méthodes scientifiques. Rolland-Germain l'aide à identifier les plantes et à se constituer un herbier. Ils herborisent tout d'abord dans la région de Longueuil où Marie-Victorin étudie les arbres. Par la suite, ils se rendent à pied à Boucherville et jusqu'au mont Saint-Bruno; une promenade dans ses bois inspire à Marie-Victorin cette description qui paraîtra dans les *Croquis laurentiens:*

> Ils triomphent les Pin noirs, les Pins verts, au coeur des familles de Bouleaux, au seuil des temples sans voûte des hêtraies. (...) Au travers des feuilles mortes et des cailloux, les Trinitaires toujours pressées de fleurir relèvent leur col fin, ployé pour le sommeil hivernal. (...) Suis allé hier à Saint-Bruno, voir ma mie Printemps. La neige a quitté la place.

(...) L'Hépatique partout passe la tête. Les autres fleurs sauvages, celles de l'été et celles de l'automne, n'ont qu'une parure: l'Hépatique prend toutes les teintes du ciel depuis le blanc troublant des midis lumineux jusqu'à l'azur des avant-nuits en passant par le rose changeant des crépuscules. La nature gâte cette première-née qui va disparaître si vite avec les vents plus chauds. (...) D'avoir vu ma mie Printemps, suis revenu du bois des fleurs plein les mains et de la jeunesse plein le coeur![12]

La *Flore laurentienne* va nécessairement plus loin et apprendra, entre autres, au botaniste en herbe, qu'il existe environ cinq espèces d'Hépatiques dont deux américaines, l'*Hepatica americana* et l'*Hepatica acutiloba;* en plus de la description, un dessin de chacune lui permettra de les comparer.

Dès 1908, *Le Naturaliste canadien* fait paraître, dans son numéro de mai, l'article «Additions à la flore d'Amérique», compte rendu des premières découvertes du frère.

Les vacances d'été le verront à un endroit différent chaque année, accompagné du fidèle et précieux mais toujours modeste Frère Rolland-Germain. En 1908, les deux botanistes se rendent dans la région de Beauport, mais l'année suivante, préférant ne pas trop s'éloigner, ils excursionnent tour à tour à Saint-Lambert, à Cartierville, à Sainte-Rose et à Oka. En 1910, ils poussent jusqu'à Saint-Ferdinand de Halifax, dans le comté de Mégantic et, deux ans plus tard, jusqu'à Mont-Laurier; entre Saint-Jérôme et Saint-Canut, ils aperçoivent la ligne de contact du Bouclier laurentien avec la grande plaine paléozoïque qui forme la basse vallée du Saint-Laurent. En 1913, les deux naturalistes ont la joie de découvrir cinquante et une espèces nouvelles dans la région du lac Témiscouata. Cette même année, le Frère Marie-Victorin rédige huit articles dont cinq paraissent dans *Le Naturaliste canadien*. Il envoie de même un article à *The Ottawa Naturalist* et commence à écrire pour le *Bulletin de la Société de Géographie de Québec*: un premier article sur les galets de la région de Saint-Jérôme et un deuxième sur la flore du mont Saint-Hilaire:

La flore de la montagne de Saint-Hilaire, comme celle des autres collines du groupe montérégien, peut être caractérisée ainsi: flore des bois riches et montueux. Malgré son nom de montagne le Saint-Hilaire n'est qu'une colline, et la flore dite 'alpine' manque totalement. Citons cependant la Potentille tridentée qui croît sur le 'pain de sucre' et dont le faciès alpin est très frappant. (...)

Lorsque vient le printemps les flancs du Saint-Hilaire se couvrent littéralement de ces magnifiques fleurs bien spéciales au Canada, qui font l'admiration et l'envie des amateurs étrangers. Ne parlons pas des Érythrones aux feuilles tachetées, des Trilles aux larges fleurs, des mignonnes Claytonies: celles-là couvrent alors le Canada tout entier. Mais c'est ici qu'il faut venir voir l'Ancolie du Canada balancer ses fleurs écarlates sans cesse frissonnantes sous la caresse passionnée des oiseaux-mouches et les clochettes bleues des Campanules se pencher au bord des précipices. Sur les côteaux secs s'ouvrent les épis dorés de la Pédiculaire du Canada. Sentinelle avancée, la Saxifrage étale sur le granit nu son épaisse collerette de feuilles pubescentes faite pour braver les froids terribles de l'hiver.

Notons que la montagne de Saint-Hilaire est une des stations classiques où l'on peut trouver encore les rares individus du précieux Ginseng si apprécié des Chinois et dont la disparition est fort à regretter. L'aristocratique famille des Orchidées est bien représentée au mont Saint-Hilaire.[13]

Le lecteur est ici invité à aller voir l'Ancolie du Canada. La *Flore laurentienne* destinée aux botanistes et à ceux qui veulent le devenir, lui apprendra, entre autres, que l'*Aquilegia* fut découvert par Linné; elle lui fera connaître aussi l'une des différences entre l'*Aquilegia canadensis* et l'*Aquilegia vulgaris*; ainsi, le premier est écarlate et le deuxième, blanc, bleu ou pourpre, mais les deux portent le nom populaire de Gants de Notre-Dame.

À Cacouna, en 1914, les deux inséparables étudient l'influence de l'eau salée sur la flore. Malheureusement pour eux, Rolland-Germain reçoit une obédience pour Ottawa, mais Marie-Victorin va le rejoindre durant les vacances de 1915. Ils en profitent pour herboriser dans la région de l'Outaouais inférieur.

L'année suivante voit Marie-Victorin avec trois autres frères dans la région de l'Islet et au lac des Trois-Saumons. De nouveau le souvenir de cette excursion inspirera quelques pages des *Croquis laurentiens:*

> Pour l'instant, je suis seul à Sans-Bruit, et je descends au rivage, à quelques pas, jouir de l'ivresse de midi. Le soleil tombe d'aplomb et allume des éclairs sur les cailloux blancs. Au bout de sa chaîne, la chaloupe se balance à peine sur l'eau, où de petits frissons rapides courent, se rejoignent et meurent. Le bleu de l'eau est bien le bleu du ciel, un peu plus profond seulement. Il fait un joli vent; autour de moi les Saules, les Aulnes se raidissent élégamment en leurs poses coutumières, et les jeunes Érables découvrent la pâleur de leur dessous. Une libellule, portée sur l'aile de la brise, passe et repasse. En écoutant bien, je perçois la clameur assourdie faite du choc menu des choses innombrables: frémissement des millions de feuilles, petits flots qui s'écrasent sur la pierre, ardente vibration des insectes enivrés de lumière. La vie possède tout. L'homme passe à côté sans la voir, il la foule, l'écrase du talon; il va, poursuivant quelque chimère, sans écouter la chanson énorme et vivifiante de la vieille nature.[14]

La poésie de ce texte a sans doute fait rêver le lecteur; les arbres ne font-ils pas partie de sa poésie quotidienne? Mais, en plus d'être poète et d'affectionner particulièrement les arbres, Marie-Victorin est un homme de sciences et, dans sa *Flore laurentienne*, il consacrera cinq pages à la seule étude des érables.

À son contact, les compagnons du frère seront pris d'enthousiasme pour la botanique. Cette même année sortira un tiré à part d'articles parus dans le *Naturaliste canadien* intitulé *La Flore du Témiscouata*, volume de cent vingt-cinq pages, le plus important mémoire de la période pré-universitaire de Marie-Victorin.

À l'été 1917, le frère fera son plus long voyage jusqu'alors. Il se rendra d'abord à l'île aux Coudres puis, avec Rolland-Germain, à l'île d'Anticosti, deux endroits propices à l'étude «de plantes rares et des types humains les plus purs». Ce sont des endroits peu fréquentés par les touristes où la nature sauvage présente des différences intéressantes avec la flore étudiée dans les autres régions de la province. À l'île d'Anticosti particulièrement, à proximité de la mer, les arbres n'atteignent pas leur pleine croissance: ce fait soulève une question quant à la transmission de cette particularité à leur descendance.

Dans un article de la *Revue canadienne*, paru en 1917, intitulé «Les Sciences naturelles au Canada», Marie-Victorin déplore le manque d'intérêt des Canadiens français pour les sciences naturelles, qui a des conséquences malheureuses sur les plans littéraire et économique. Leur méconnaissance conduit nos plus grands écrivains, s'inspirant des auteurs français, à décrire une flore étrangère. Par ailleurs, nos forêts seraient mieux exploitées si nos connaissances scientifiques étaient plus poussées.

Durant les vacances de 1918, le frère se rend au Témiscamingue. La Gaspésie et les îles de la Madeleine où Marie-Victorin et Rolland-Germain vont en 1919, présentent les caractères particuliers des régions isolées et éloignées du Nord. Les îles de la Madeleine seraient «les restes déchiquetés d'une terre continentale disparue qui unissait Terre-Neuve, la Gaspésie, la Nouvelle-Écosse et l'île du Prince-Edouard, terre de grès rouge ou gris, parsemée de gypse blanc comme neige et dont l'affaissement a formé le golfe du Saint-Laurent.» Une fois encore, les *Croquis laurentiens* s'enrichiront d'une admirable description:

D'énormes émeraudes de conte oriental, serties dans des rubis et reliées entre elles par des chaînes d'or, un archipel égéen jeté là pour animer l'effrayante solitude du Golfe, telles me sont apparues, dès le premier jour, les îles de la Madeleine. (...)

Oh! les merveilles de la flore littorale! Les profanes ignoreront toujours le frisson de joie qu'éprouve un botaniste à s'agenouiller sur la sable gonflé d'eau, dans l'orbite des infimes constellations des Limoselles blanches, à surprendre les Gentianes, en tenue de matin, offrant dans leur petit hanap mauve des libations de rosée au soleil de neuf heures! Et les Arroches avinées paresseusement étendues sur les galets! Et les mandibules rouges des Salicornes qui étreignent toujours dans l'air froid quelque insecte invisible.[15]

La «tenue de matin» de la Gentiane peut intriguer le lecteur. Cependant, Marie-Victorin n'attire jamais l'attention de ses disciples sur un phénomène sans leur en donner l'explication. La *Flore laurentienne* fournira donc de nouveau la clé du mystère, mais, cette fois, dans la description de la Gentiane de Victorin:

Cette espèce est unique dans le genre *Gentiana* au point de vue de l'habitat, croissant exclusivement dans la zone intercotidale de l'estuaire du Saint-Laurent, où elle est recouverte d'eau pendant les grandes marées. (...) Tous les soirs, vers 4 heures 30, la corolle se ferme en redressant ses quatre lobes pour ne les rouvrir que le lendemain matin. Lorsqu'il pleut ou que le ciel est sombre, la fleur reste fermée. La fermeture des fleurs s'accomplit en une demi-heure.[16]

Seul francophone canadien à poursuivre des recherches poussées en botanique, Marie-Victorin consulte le professeur Francis E. Lloyd, chef du département de botanique de l'Université McGill, qui deviendra un ami. Il correspond surtout avec des spécialistes américains de Pennsylvanie, du

Winconsin, de la Californie, d'Ithaca et de New York. Le contact avec ces éminents scientifiques et les échanges qui suivent élargissent l'horizon du frère dans ce domaine pour lequel il se passionne de plus en plus. Mais celui qui le mettra sur la voie des professionnels de la botanique est le directeur du *Gray Herbarium,* M.L. Fernald, également professeur à l'Université Harvard. Ce spécialiste de la botanique américaine l'encourage en partageant son enthousiasme pour ses découvertes et en orientant ses nouvelles recherches.

Marie-Victorin se prépare ainsi, sans le savoir et sans le rechercher vraiment, à devenir notre plus grand botaniste: herborisations dans toutes les régions de la province, même les plus reculées, contributions à des revues botaniques reconnues, correspondance et échange de vues avec des botanistes renommés, autant de moyens d'accroître sa compétence, autant de manifestations de son intérêt soutenu pour la botanique.

Toutefois, quand le docteur Ernest Gendreau lui propose la chaire de botanique de l'Université de Montréal, il hésite:

> Je ne veux pas laisser mes élèves du Collège de Longueuil, car je sais trop combien tout cela se tient. Si j'abandonne ma classe, je perdrai toute influence sur ces jeunes gens que je ne connaîtrai plus, et je devrai délaisser successivement mes deux Cercles. Je doute fort de trouver à l'Université une aussi charmante vigne que celle que je taille ici.[17]

Il finit cependant par accepter, à condition de pouvoir continuer son apostolat au collège de Longueuil.

Ce n'est évidemment pas sur la base de ses écrits littéraires que Marie-Victorin se voit offrir un poste à la Faculté des sciences, mais bien de ses recherches et de ses travaux en botanique qui dépassent en nombre et en valeur scientifique ceux de tout autre botaniste francophone québécois, à ce moment-là.

Mais pour être titulaire d'une chaire à l'Université, il convient d'avoir un doctorat. Marie-Victorin n'a même pas un baccalauréat. Monseigneur Gauthier lui obtient donc du gouvernement une bourse de 4 000 $ pour lui permettre, en trois années d'études à la Sorbonne, d'accéder au titre de docteur. Le frère, qui a déjà beaucoup hésité à accepter l'enseignement à l'Université, ne peut se résoudre à quitter ses élèves pendant trois ans. Si Monseigneur Gauthier finit par le convaincre d'accepter, il n'obtient pas le même résultat auprès de ses supérieurs. Ceux-ci, pour respecter la caractéristique d'humilité héritée de leur fondateur, qui interdit aux frères de poursuivre des études avancées, et pour ne pas créer de précédent, refusent leur autorisation. Par contre, un collègue du frère, qui possède déjà une licence, se préparera au doctorat; il s'agit de Monsieur Louis-Janvier Dalbis, ancien professeur au Collège Stanislas à Paris, que le docteur Gendreau avait convaincu de quitter son emploi pour occuper la chaire de biologie à l'Université de Montréal. Marie-Victorin, qui s'est lié d'amitié avec monsieur Dalbis, l'aide à se documenter en vue de sa thèse de doctorat sur le *Comportement des plantes européennes introduites en Amérique*.

En 1920, Marie-Victorin enseigne donc une première année à l'Université sans posséder de diplôme. Il a trois élèves; c'est peu, mais c'est plus que dans certaines autres classes. Le frère écrit à ce propos à son ami Rolland-Germain:

> À mon cours régulier, je n'ai encore que les trois frères du Mont-de-La-Salle, mais je donne actuellement dans le local de l'Université une série de conférences sur la botanique aux professeurs de l'enseignement secondaire. Il y a toujours environ sept ou huit prêtres et deux ou trois religieuses de la Congrégation de Notre-Dame. C'est une bonne classe (...) Inutile de vous dire que je suis à apprendre la botanique! Cette année sera dure, car je dois faire mon cours. Ce sera plus agréable l'an prochain. Je vous ai dit que j'ai réussi à me débarrasser du cours supplémentaire aux quatre-vingts étudiants en médecine de première année que l'on voulait m'imposer. J'ai dû résister à Monseigneur Gau-

thier, au docteur Gendreau et autres. Mais je suis bien heureux d'en être sorti vivant.[18]

L'année suivante, Jules Brunel, finissant au Collège de Longueuil, âgé de seize ans seulement, vient l'aider au laboratoire. Leur modeste local est situé au rez-de-chaussée de l'ancienne bibliothèque médicale, rue Saint-Denis.

L'Université décide alors de dispenser Marie-Victorin du baccalauréat et de la licence, largement compensés par ses vingt années d'enseignement et ses travaux en botanique. Et le 13 juin 1922, elle lui décerne un doctorat *summa cum laude*, pour sa thèse sur les fougères, intitulée *Les Filicinées du Québec*, soutenue devant les professeurs L.J. Dalbis, Adhémar Mailhot et Élie Georges Asselin. Neuf jours plus tard, le Frère Marie-Victorin est promu professeur titulaire.

5

UN DÉBUT RÉUSSI

Le projet du Jardin botanique avance grâce à la collaboration que le Frère Marie-Victorin réussit à obtenir d'un journaliste du *Devoir* et d'édiles municipaux. Il se précise grâce aux services empressés d'un horticulteur d'origine allemande, architecte-paysagiste au Jardin botanique de New York.

Il suffit parfois que des personnes poursuivant des objectifs communs mais douées de talents ou investies de pouvoirs différents se rencontrent pour que les difficultés que l'on croyait insurmontables s'aplanissent. Louis Dupire, journaliste au *Devoir*, instigateur d'un concours de botanique organisé par son journal en novembre 1930, présente à son ami le Frère Marie-Victorin un homme convaincu de l'importance pour l'être humain de bien connaître son milieu naturel. Cet homme, Monsieur Claude Melançon, se montre heureux de l'initiative du frère et prêt à y collaborer: il connaît personnellement le directeur des services municipaux de la ville de

Montréal, Monsieur Honoré Parent, et fait en sorte que le frère puisse le rencontrer pour lui soumettre son projet. Monsieur Parent sort de cette rencontre convaincu des avantages que présenterait pour le public en général et pour les étudiants en particulier la fréquentation d'un Jardin botanique, à tel point que plus tard, dans deux circonstances où l'on croyait tout perdu, il réussit à sauver le Jardin. Pour le moment, il présente le projet au Comité exécutif qui l'étudie le 9 juin 1931.

Le gouvernement municipal de Montréal a comme chef, cette année-là, monsieur le Maire Camillien Houde, toujours très attaché à Marie-Victorin auquel il doit beaucoup. Il n'a pas oublié le projet inscrit dans son programme électoral de 1930. Par ailleurs, en cette année de crise économique, le gouvernement a décidé d'embaucher les chômeurs pour des travaux publics. Camillien Houde propose donc d'appliquer cette mesure à la construction du Jardin botanique et Monsieur Parent l'appuie auprès du Comité exécutif qui, le 4 mars 1932, votera une somme de 100 000 $ pour le début des travaux.

Fortement encouragé, le frère, aidé de Jacques Rousseau, prépare les plans des sections éducatives et scientifiques, car, comme le souligne Robert Rumilly, «plus qu'un simple parc, le Jardin sera une station expérimentale, un centre de renseignements et d'enseignement.» Monsieur Rousseau, qui travaille avec lui depuis 1924, comme assistant d'abord, puis comme chargé de cours, est bien apte à l'aider, car il a complété sa formation à l'Université Cornell. Le frère cherche alors un collaborateur qui accepterait la tâche de dessiner et de construire les sections horticoles. Il le trouve au Jardin botanique de New York, dans la personne de Monsieur Henry Teuscher que le docteur Elmer D. Merrill, directeur du Jardin, lui a recommandé.

Cet homme, d'après son propre témoignage, est un horticulteur qui a reçu de solides bases en botanique et est, de plus, architecte-paysagiste. Il s'échange entre les deux hommes une importante correspondance, à partir du 2 avril 1932. Monsieur Teuscher, qui rêve depuis 1910 de faire un Jardin tel qu'il le conçoit, après avoir vu à peu près tous les Jardins botaniques du monde et en avoir relevé les lacunes, a déjà proposé de faire les plans gratuitement, s'il a un relevé topographique du terrain. Il devra attendre le 28 juillet pour recevoir cette topographie.

Entre-temps, le 13 mai, il offre pour le futur Jardin le surplus de plants d'arbres et d'arbustes accumulé au *Boyce Thompson Arboretum* de New York, et évalué à près de 3 000 $. La seule dépense serait d'environ 300 $ pour l'empaquetage. La réponse tarde à venir. Enfin, le 14 octobre, Marie-Victorin lui annonce que le Conseil municipal a voté la somme de 300 $ pour les plants. Dans ses lettres suivantes, Teuscher presse le frère de prendre une décision concernant la date d'expédition: la réponse viendra le 29 mars 1933. Les plants arriveront à Montréal au début de mai. Ils constituent une très belle acquisition pour le Jardin: 10 000 plants de belle qualité et difficiles à obtenir autrement.

Quant à l'engagement définitif de Teuscher, le Conseil ne l'approuvera que le 24 avril 1936; la difficulté venait du fait que Teuscher était un étranger. Il aura dû patienter quatre ans, mais n'avait jamais ménagé ses conseils judicieux, tout au long de ces années d'attente. Il avait également envoyé sans frais un plan, ainsi que les textes de conférences et d'articles qu'il avait écrits sur l'aménagement d'un nouveau Jardin botanique, et rencontré l'architecte Lucien Kirouac, auteur des plans des immeubles. Un Jardin botanique, d'après lui, devait combiner des fins scientifiques, esthétiques et utilitaires. Il rejoignait là l'idée que s'en faisait Marie-Victorin: ils étaient destinés à s'entendre.

Les lettres de Teuscher sont toujours longues, détaillées et très précises, dénotant chez lui une grande compétence, un profond amour de son métier, une ténacité à toute épreuve, une rare délicatesse de sentiments et un désir sincère et désintéressé de voir le projet se réaliser. Marie-Victorin lui répond en moyenne une fois sur deux, des lettres très brèves et laconiques. Il est vrai que le frère doit souvent s'absenter et que le courrier ne lui parvient pas toujours à temps.

En 1932, le maire Camillien Houde n'est pas réélu, mais la nouvelle administration veut poursuivre le projet. La canalisation et le nivellement étant effectués, on construit une serre, une chaufferie et le pavillon de l'administration. Cependant, en ces années de crise économique, la municipalité ne peut assumer plus longtemps de telles dépenses et arrête les travaux.

On doit également interrompre la construction du nouvel édifice de l'Université de Montréal sur la montagne, commencé en 1926. On n'arrive pas à payer aux professeurs leur maigre salaire. Il est même question de fermer certains départements et certaines facultés. Tous les efforts déployés, tous les sacrifices consentis depuis dix ans ne peuvent pas l'avoir été en pure perte, ne doivent pas aboutir à cet échec. Le Frère Marie-Victorin prend fait et cause pour les facultés et les départements menacés dans un article retentissant, «Le Maëlstrom universitaire», publié le 31 mai 1932, dans *Le Devoir,* habitué à lui offrir ses colonnes:

> Il a été officieusement proposé ces jours-ci (...) de réaliser quelques économies partielles en supprimant ou en suspendant ce que l'on a élégamment désigné pour les besoins de la cause sous le nom de 'Facultés de luxe' (...) 'Départements de luxe'. En l'espèce, ces organismes de luxe, ces inoffensifs toutous à ruban rose de la Maison universitaire étaient la Faculté de philosophie, une partie au moins de la Faculté des lettres, l'Institut botanique de la Faculté des sciences, l'École des sciences sociales et quelques autres services aussi peu importants. (...)
>
> Cette proposition ne vise rien moins qu'à ruiner, en une minute, un immense et méritoire effort de dix années, à ramener l'Université de Montréal aux cadres étroits et rudimentaires d'autrefois, à lui restituer son cachet exclusif et platement utilitaire de fabrique de professionnels, de noviciat pour professions fermées et lucratives. (...)

L'Université qui a gardé quelque chose de ses origines médiévales, de ses origines d'Église, l'Université est un grand temple. Et ce temple a une âme: c'est le culte qui s'y déroule, en l'espèce, culte de la vérité, de la beauté, du service désintéressé. Chassez cette âme: le temple devient une boutique et l'autel un étal. (...)

Pourquoi, si l'on veut jeter du lest, ne puise-t-on pas d'abord dans les gros sacs? (...) Il crève les yeux des moins avertis que certains traitements sont exorbitants et hors de toute proportion avec la valeur réelle, telle qu'évaluée suivant des standards universitaires respectés partout ailleurs dans le monde. (...) Ainsi tel factotum d'une grande faculté, incidemment l'un des deux ou trois inventeurs de la brillante théorie du 'luxe', reçoit à lui tout seul un traitement équivalent à trois fois le coût total de la Faculté de philosophie. Après cela, il ne resterait qu'à tirer l'échelle. (...)

Il m'est peut-être permis de dire un mot de notre 'luxe' scientifique. (...) Les Anciens de la Faculté des sciences de l'Université de Montréal ont mené récemment une enquête très sérieuse sur notre participation aux carrières scientifiques (...) pendant l'exercice 1929-1930:

	Can. anglais	Can. français
Actuaires	6	0
Astronomes	14	0
Physiciens	20	0
Chimistes	84	4
Zoologistes	100	1
Botanistes	67	2
Géologues	41	2
	332	9

Quel luxe! (...)

Le groupe des professeurs de carrière dont la vie est identifiée à l'Université rejette d'avance tout ce qui contribuerait à amoindrir son action, à en faire un cul-de-jatte des universités américaines. (...) Reculer dans le moment présent, c'est nous acheminer sûrement vers la démission nationale.

Les réactions sont aussi vives les unes que les autres. La réponse de Louis Francoeur, directeur du *Journal* de Québec, admirateur inconditionnel du Frère Marie-Victorin se fait aussi élogieuse pour lui que sévère et même dure pour les tenants de l'autre camp:

C'est un homme docte et modeste, impressionnant et doux. Il est généreusement haï par la horde des bonzes que son mérite agace. Éternelle histoire, toujours instructive. Des universitaires de notre race il est le premier, avec son collègue Groulx. Et, quand il écrit, ce savant est l'un des plus précis, des plus corrects, des plus élégants de nos prosateurs. Il est d'une société où l'on se voue à l'enseignement, où l'on se prépare longuement à la redoutable tâche d'ouvrir, de garnir, de décorer les esprits; et c'est lui qui incarne parmi nous, l'idéal de l'homme de science que rien ne distrait de sa vocation. (...) Que l'Université de Montréal croule sous le poids de sa maladministration, qu'elle montre tendance à devenir instrument du régime, cela n'a qu'une importance secondaire. La maison n'ajoute rien au prestige des très rares hommes de vrai mérite qui s'y logent. Bien au contraire. Il suffit de la présence d'un Marie-Victorin pour lui prêter un lustre assurément trop beau pour elle, la financière, la davidique, la servante du régime.[19]

La menace de fermeture de ces quelques facultés et départements ayant échoué en 1932 s'étend à toute l'Université l'année suivante. Il faut à tout prix parer à cette catastrophe. Le champ de bataille sera encore la presse, mais aussi le bureau du premier ministre Taschereau. Une délégation, envoyée par le comité formé dans le bureau du Frère Marie-

Victorin, ne réussit malheureusement pas à l'émouvoir. On se tourne donc vers le peuple, on descend dans la rue, par une grande manifestation d'étudiants. Un article du comité des professeurs paraît dans *Le Devoir*, le 3 octobre 1933, exposant la situation: les étudiants acculés au chômage ou à la poursuite de leurs études ailleurs «si ailleurs il y a pour eux»; les professeurs plus âgés contraints de retourner à l'exercice de leur profession; quant aux plus jeunes,

> cette élite constituée au prix de tant d'efforts concertés se dispersera aux quatre vents et sans retour. Nos meilleures valeurs prendront le chemin des services publics, des autres universités canadiennes et des universités américaines. Et ce sera bien fini pour longtemps. (...) Notre enseignement supérieur une fois naufragé, nous sommes mûrs pour toutes les humiliations et pour toutes les servitudes et nous n'attendrons pas longtemps un autre Durham pour tirer les conséquences politiques de cette déchéance. (...) La parole est aux Canadiens français catholiques de Montréal.

De plus, le comité alerte divers groupements, tels les Chevaliers de Colomb, l'Association des Voyageurs de commerce, les cercles de l'A.C.J.C., l'Association des Pharmaciens de la Province, les Jeune-Canada, qui prennent certaines mesures pour marquer leur appui. Aucune faculté ne fermera, mais les travaux de construction du nouvel édifice sur la montagne ne reprendront pas de sitôt.

II
POUR DIEU
ET POUR LES HOMMES

Le Frère Marie-Victorin, à l'Université de Montréal, rue Saint-Denis.
(photo: Marcel Cailloux)

1

1934: LEMBECQ ET LA FORMATION DES MAÎTRES

Cette confiance que le Frère Marie-Victorin se gagne de ses collègues à l'Université de Montréal, il l'obtient également de ses confrères en communauté et cela, grâce notamment à son jugement sûr, à sa largeur de vues, à son attachement aux valeurs de l'éducation ainsi qu'à son courage et à sa fermeté dans la défense d'une cause juste. Ces qualités mêmes lui valent d'être délégué, en 1934, au Chapitre général des Frères des Écoles chrétiennes, à Lembecq-lez-Hal, en Belgique.

Depuis 1904, c'est-à-dire depuis la suppression de mille quatre cents écoles des frères, en France, par Émile Combes, président du Conseil depuis 1902 et champion d'une politique anticléricale, la maison mère des frères est située à Lembecq et y demeurera jusqu'en 1938. Les frères en exil doivent continuer l'oeuvre de l'Institut hors de la France. Ainsi, les disciples, à l'instar de leur saint fondateur, subissent la persécution. Jean-Baptiste de La Salle, en effet, avait eu sans cesse à souffrir, en son temps, de la jalousie des maîtres d'écoles qui, eux, n'avaient jamais réussi à former la jeunesse des quartiers pauvres. Malgré les calomnies, la communauté des frères, fondée à Reims en 1685, avait en 1719, à la mort de son fondateur, essaimé à travers toute la France, pour répondre à la demande des évêques, des curés et des administrations municipales. La qualité de l'enseignement donné par les Frères était telle qu'en 1865 l'enseignement secondaire spécial fut organisé d'après ce modèle par le ministère de l'Instruction publique en France.

Une constante adaptation est cependant nécessaire pour répondre aux besoins croissants que des études plus poussées font naître. Une trentaine d'années d'enseignement, dont quatorze au niveau universitaire, ont procuré au Frère Marie-Victorin une vaste expérience pédagogique et une juste connaissance des personnes. Par ailleurs, son jugement droit et lucide lui a permis de remarquer, dans la formation pédagogique des frères, certaines lacunes dont il déplore les conséquences pour les élèves. Il propose par conséquent de hausser le niveau des études à l'Institut pédagogique Saint-Georges, où il enseigne, à celui d'une Faculté de pédagogie. Certains supérieurs traditionalistes jugent ces innovations bouleversantes. Après s'être en vain opposés à son choix comme délégué, ils vont même jusqu'à écrire à Lembecq, le présentant comme un chef de révolutionnaires. À propos de son élection, le frère, conscient de certaines intrigues, mais ne s'y abaissant pas, écrit à sa soeur, Mère Marie-des-Anges:

> Pour ce qui est de mon voyage congrégationel en Belgique, ne t'en fais pas. De tous mes voyages, c'est celui qui déplaît le plus à mes supérieurs, parce que j'ai été élu par tous les religieux profès de la province de Montréal, et cette élection a un sens. Lequel? Deux hypothèses: a) les religieux de la province sont de mauvais religieux; b) je ne suis pas aussi noir qu'on le dit. Choix absolument libre. (...) La vérité est au milieu.[20]

Malgré tout, le frère «fit des conquêtes» parmi les quatre-vingt-sept capitulants délégués des différentes provinces administratives de l'Institut, à travers le monde. Après trois jours de retraite suivis de l'élection du Supérieur général et des frères assistants, les capitulants sont répartis en plusieurs commissions pour étudier divers aspects de la vie de l'Institut. Le Frère Marie-Victorin fait partie de la Commission des études profanes. Il soumet alors son mémoire: *Études et formation intellectuelle des frères dans les deux districts du Canada-français,* doit voici quelques extraits. Le frère justifie tout d'abord la présentation de son mémoire:

> Une étude attentive des rapports des Chapitres Généraux montre que toutes ces assemblées se sont préoccupées du relèvement ou du maintien du niveau intellectuel de la Congrégation, ainsi que de la formation professionnelle des frères. (...) Toutefois, la contribution des Chapitres généraux se bornait généralement à de sages recommandations que les Supérieurs locaux devaient ensuite mettre à exécution. C'est parce que plusieurs de ces voeux, et des plus importants, paraissent n'avoir point eu de suite dans les deux districts du Canada-français, que nous présentons le présent mémoire.

Après avoir reconnu le souci de l'Institut «de ne pas admettre de sujets impropres à la vie religieuse», il propose que, sur le plan intellectuel, on exige pour l'entrée au petit noviciat un minimum de culture, soit le cycle complet des études primaires, même si cette condition devait entraîner une diminution des admissions:

> Nous sommes d'avis que la réduction numérique résultant d'une sélection éclairée, serait amplement compensée par l'assainissement de l'atmosphère intellectuelle à la fois dans les maisons de formation et dans les communautés, et par l'entrée de sujets d'élite qui viendraient à nous précisément en raison de ces exigences, âmes généreuses, les seules qui comptent au fond, qui ne craindraient pas d'ajouter au sacrifice de la séparation, celui d'une sérieuse préparation.

Par la suite, l'admission au grand noviciat serait accordée aux détenteurs d'un brevet élémentaire d'École normale, et cela dans l'esprit même du fondateur:

> Un novice idéal devrait s'appuyer sur la belle maxime de saint Jean-Baptiste de La Salle que nous lisons au 27 mai: 'La piété, lorsqu'elle est seule dans un homme, n'est utile qu'à lui seul; mais la science, jointe à la piété, voilà ce qui rend les grands hommes très utiles à l'Église.'

Quant le noviciat serait complété et que viendrait le moment d'assumer la responsabilité de la formation des élèves, les exigences devraient nécessairement être plus grandes. Le frère propose donc que l'enseignement, dans les deux districts du Canada-français, soit impitoyablement fermé à celui qui n'a pas obtenu au moins le brevet supérieur d'École normale, et ceci, au nom de la justice et de la simple décence.

Mais la formation de l'enseignant doit être continue; aussi, s'appuyant sur une directive du Chapitre de 1894, il propose la formation d'un scolasticat supérieur pour le perfectionnement des religieux enseignants:

> Nous sommes des maîtres et des maîtres religieux, des Frères des Écoles chrétiennes. Nous devons à l'honneur de la Sainte Église dont nous sommes mandataires auprès de l'enfance, de prendre tous les moyens pour que nos écoles se maintiennent au premier rang.

Pour emporter l'adhésion des pusillanimes, il montre, par un dernier argument, que la science et la religion ne sont pas incompatibles:

> Je veux croire qu'il n'est plus nécessaire de démontrer à personne, et encore moins à une assemblée comme celle-ci, que l'esprit religieux et la culture de l'esprit ne s'opposent pas. L'homme est un tout qui doit se développer harmonieusement. Sans les lumières de notre intelligence, notre vie ne peut se concevoir. L'homme instruit n'en sera pas moins

ouvert vers Dieu parce qu'il comprendra un peu moins mal la merveilleuse structure du monde, et sa prière n'en sera pas moins bonne si, par hasard, il entend le latin qu'on lui fait dire. (...) Faites dans des conditions normales d'âge et de temps, les études même très spécialisées ne sont propres qu'à rendre l'éducateur digne du religieux que nous devons être. Si cela n'était pas il faudrait renoncer à établir une relation quelconque entre les différentes opérations de notre âme.

Voilà donc ce que le Frère Marie-Victorin considère comme un «minimum de culture pour l'admission au petit noviciat, à la prise d'habit et à la pratique de l'enseignement». Il n'y a là rien d'exagéré, et pourtant des voix s'élèvent prétendant que les autorités religieuses canadiennes repoussent les idées du frère. Ce dernier dépose alors une lettre d'approbation du Cardinal Villeneuve à qui il avait soumis son mémoire. Il aura le bonheur de voir son rapport incorporé presque sans changement dans le rapport de la Commission, mais il y aura laissé un peu de sa santé et de sa paix intérieure.

Après le Chapitre, le frère visitera plusieurs pays d'Europe. La correspondance qu'il échange avec sa soeur Mère Marie-des-Anges nous permet de retracer son itinéraire. C'est d'abord Paris puis, en route pour l'Espagne, une halte à Lourdes d'où il écrit: «Écroulé dans un coin de la grande basilique, sous le coup d'une grande émotion religieuse, j'ai prié pour toi et les nôtres.»[21]

Il se rend ensuite à Barcelone pour y rencontrer le Frère Sennen, spécialiste de la botanique espagnole, avec lequel il parcourt la Catalogne, herborisant selon son habitude. Après un bref séjour en Italie, il revient en France rejoindre deux amis et collaborateurs, le Frère Dominique et le Frère Michel. Ensemble, ils visitent une partie de la France. Des lettres parviennent à Québec en provenance de Chartres et de Sainte-Anne-d'Auray: «Je fais un délicieux petit voyage en Bretagne. (...) J'apprends beaucoup de choses.»[22]

Il revoit aussi l'Allemagne: Munich, Oberammergau, où il assiste au jeu de la Passion qui l'enthousiasme, Dresde et Berlin. Il passe ensuite par Amsterdam en route vers l'Angleterre, pour se joindre à une autre délégation, celle du Conseil national de recherches du Canada, au Congrès de la *British Association for the Advancement of Science*, qui se tient à Aberdeen; il y représente en même temps la Société royale du Canada, dont il est membre de la section scientifique depuis 1927, après trois années passées à la section littéraire. C'est d'ailleurs l'intervalle entre les deux délégations qui lui a valu de revoir, cinq ans plus tard, certains des pays visités lors de la délégation à Capetown.

Il s'embarque sur l'*Empress of Australia*, le 12 septembre. À Montréal, les cours sont déjà commencés, mais le frère pouvait compter sur Jules Brunel pour en assurer l'ouverture. Il revient abattu de ce voyage, comme il l'apprend, le 15 novembre, au Frère Sennen:

> Je dois avouer que je suis revenu d'Europe très fatigué, très déprimé, et que je ne suis pas encore complètement remis. (...) Grâce à vos bonnes prières, je suis certain que la Providence me tirera de ce puits, car c'en est un, et très obscur, ou bien qu'elle me tirera de ce monde de misère.[23]

2

UNE PÉDAGOGIE À L'AVANT-GARDE

Le Chapitre général de 1934 s'était présenté au Frère Marie-Victorin comme une occasion privilégiée de faire partager à toute sa communauté ses convictions personnelles concernant la formation des frères enseignants. À travers les professeurs, c'est toute la population étudiante qu'il rejoignait. Moins nombreux évidemment, mais plus profondément marqués par lui, sont ceux qui eurent l'avantage de recevoir leur formation, sans intermédiaire, de cet éducateur hors pair.

La grande aventure commence en 1903, à Saint-Jérôme. Le frère a dix-huit ans et un bel idéal. On lui confie une classe du primaire, la quatrième année. On peut présumer qu'il applique déjà cette notion qu'il précisera plus tard et qui doit, dès maintenant, constituer l'élément fondamental de son programme d'éducation:

L'éducation, on le sait bien, consiste pour une bonne part, à découvrir les ressources intellectuelles et morales des individus et à susciter un milieu favorable au développement de ces ressources.[24]

Former la jeunesse n'a jamais été une sinécure et le frère a, durant cette première année, souffert de certains défauts que sa perspicacité a su discerner chez ses élèves:

Il me semble remarquer un esprit de dissimulation qui me contriste beaucoup; j'aimerais tant que ma classe fût une famille!... Oh! c'est dans ces moments-là que je comprends au moins ce que peuvent être les tentations contre la vocation. (1903)[9]

Devant ces défauts qui, à toutes les époques, ont caractérisé les adolescents, plus d'un enseignant a démissionné ou utilisé la manière forte et combien négative qui ne tient pas compte d'un riche potentiel à exploiter. Le frère, pour sa part, voit dans ces soi-disant défauts des énergies mal canalisées:

Au lieu de récriminer sans cesse, de déplorer platoniquement leur apathie, leur indifférence, leur absence d'esprit d'observation, leur éloignement des choses scientifiques et de l'esprit scientifique, nous ferions peut-être mieux de chercher à découvrir chez eux le germe toujours présent des bienfaisantes curiosités, de l'alimenter et d'en favoriser l'évolution par une pédagogie intelligente et bien balancée...[25]

Comment nos parents et nos maîtres, nos maîtres surtout, ont-ils pu accomplir ce criminel tour de force: transformer les enfants curieux et questionneurs que nous étions, en ces êtres satisfaits et payés de mots que nous sommes devenus?[26]

À Longueuil, où il arrive après avoir passé successivement deux années à Saint-Jérôme et à Saint-Léon de Westmount, le Frère Marie-Victorin fonde, en novembre 1906, le Cercle La Salle, sur le modèle des Cercles de l'A.C.J.C. C'est une «réunion de jeunes gens désireux de se préparer par l'étude, la piété et l'action à une vie efficacement militante pour les intérêts de la religion et de la patrie». Des objectifs et des moyens aussi sérieux pourraient avoir un caractère rébarbatif pour des adolescents. Tel n'est pas le cas, car le frère a le don de rendre les réunions agréables et intéressantes. Jules Brunel se rappelle, entre autres, l'importante bibliothèque mise à la disposition des jeunes gens et les séances des dimanches après-midi: le frère projetait des diapositives sur différents pays, institutions, etc., pendant qu'un élève lisait un texte explicatif; c'était déjà l'audio-visuel. Il fait appel aussi aux talents dramatiques des jeunes qui joueront devant un public enthousiaste. Certaines de ces pièces, en particulier *Charles Le Moyne* et *Peuple sans histoire*, composées par le frère lui-même, sont présentées non seulement à Longueuil, mais à travers la province. Camillien Houde, qui interprétera le rôle de Durham dans *Peuple sans histoire* ainsi que le rôle titre dans *Le Député Bernard*, attribuera sa vocation de politicien aux divers rôles qu'il avait été appelé à jouer sur la scène et au sein du Cercle. Plus d'un pouvait en dire autant.

Les séances d'étude et les débats succèdent aux séances dramatiques et ne sont pas moins appréciées. Le 19 mai 1907, le frère peut écrire: «Le Cercle La Salle a eu son premier débat: Montcalm et Lévis. Je suis très satisfait et n'aurais pu désirer autant.»[9]

Il ne manque pas non plus de développer un sentiment de fierté nationale et, quand l'A.C.J.C. organise une campagne pour l'emploi de la langue française dans les services publics, les membres du Cercle recueillent des centaines de signatures. Cependant, si le frère écrit en 1925:

> Nous ne serons une véritable nation que lorsque nous cesserons d'être à la merci des capitaux étrangers, des experts étrangers, des intellectuels étrangers,[26]

il ne faut pas se méprendre, surtout de nos jours où les termes «indépendance» et «séparation» représentent une notion qui nous est devenue plus familière. D'ailleurs, afin d'éviter toute ambiguïté, le frère complète ainsi sa pensée:

Les différences que la race établit entre les hommes d'espèce unique tiennent beaucoup plus aux circonstances de temps, de lieu, d'éducation (...). Or, tout ce qui ne tient pas au fonds biologique de l'homme ou à son fonds moral inné, est artificiel, passager, accidentel, et ne mérite pas qu'on lui sacrifie les réalités supérieures. Devant la grande fraternité des êtres, si chère au Poverello, devant la grande fraternité des hommes en Dieu, combien s'oblitèrent et s'évanouissent les bornes de races et de clans![27]

Le Cercle est également un foyer de vie spirituelle. Dès 1910, le frère organise, à la Broquerie de Boucherville, des retraites fermées dont les résultats visibles sont très encourageants, dès la première année. Les finissants d'aujourd'hui deviendront les Anciens de demain qui voudront renouveler cette expérience. En période de guerre, ces retraites auront pour eux une signification bien particulière. Marie-Victorin, le souligne dans une lettre au Frère Rolland-Germain en 1918:

Nous venons de terminer une magnifique retraite pour les finissants des trois collèges de Longueuil, Varennes et Saint-Jérôme. Vingt-cinq beaux grands garçons qui ont médité et prié comme des moines. Les Pères ont été profondément édifiés.[28]

Je recommande à vos bonnes prières la retraite des Anciens qui va commencer jeudi soir. Pour plusieurs (...) c'est le viatique avant le départ pour le feu (...).[28]

Le Cercle des Anciens était, au dire du frère, «la seule chose» qui l'attachait à la vie.

Mais, au sein de la communauté, on se méfie des succès et de la popularité du frère. Les craintes concernant son humilité se compliquent de celles d'une vie communautaire sacrifiée. Les réunions se terminent parfois assez tard et le frère ne peut respecter l'heure du lever, d'autant plus que sa santé reste frêle. Il souffre de cette méfiance et des difficultés qu'elle lui crée. Cependant, en 1913, lors de sa visite au Canada, le Frère Allais-Charles, assistant du Supérieur général, ayant lu son exposé sur le Cercle, loue les vues «justes et sages» qui y sont exprimées et remet au frère l'autorisation écrite de continuer de s'en occuper. Cette autorisation fut bien utilisée car, en 1923, soit dix-sept ans après sa fondation, le Cercle avait tenu cinq cents séances.

Quitter les livres pour permettre aux jeunes gens de réfléchir, de rentrer en eux-mêmes et de s'exprimer est l'un des buts visés par le Cercle La Salle. Quitter les livres pour connaître la nature, la voir, la toucher et l'admirer est le message que laisse à tous ses disciples celui qui, en 1931, donne son approbation à la fondation des *Cercles de jeunes naturalistes*:

> Il faut bien reconnaître que, si l'on n'y prend garde, le livre, le manuel scolaire en particulier, cesse d'être un miroir pour devenir un écran, et qu'au lieu d'élargir la pensée, il peut facilement la restreindre, la cadenasser dans la terrible prison des mots. De cette crainte justifiée est née l'idée d'une croisade pacifique pour le «Retour à la Nature» par la fondation, dans les maisons d'éducation, des Cercles de jeunes naturalistes, (...).

> En ouvrant large la fenêtre de l'école sur le grand tableau de la nature magnifique et féconde, les éducateurs ne font pas oeuvre de spécialisation prématurée, mais au contraire oeuvre de base, oeuvre profondément humanisante. Mettre l'âme de l'enfant, au moment où elle s'entrouvre, en contact avec l'âme des choses, la situer dans le réel, c'est l'assainir et l'équilibrer, c'est la préparer par la contemplation des harmonies visibles de l'univers, à accéder au plan des harmonies morales, des valeurs spirituelles et des visions divines.[29]

Quitter les livres et le «papier noirci» ne doit pas, d'après le frère, être l'apanage des enfants et des adolescents. Les jeunes qui fréquentent cette école de haut savoir qu'est l'université sont appelés à développer en eux le sens de la recherche qui fait avancer la science:

> Le rôle extérieur des universités est d'organiser, d'inspirer, de diriger.[30]

> L'éducation de l'esprit, dans le meilleur sens du mot, et le plus fécond, ne consiste pas seulement dans la connaissance de l'immense quantité de faits désormais accessibles, et des lois nombreuses aussi, et plus ou moins complexes, qui paraissent les régir. Elles impliquent encore, et cela est suprêmement important, le développement de la faculté de classer et de synthétiser, de chercher et de découvrir de nouveaux faits, de nouvelles applications et de nouvelles lois. Cette éducation est proprement la haute mission de nos universités.[31]

Mais que seraient aujourd'hui nos universités, si l'enseignement ici n'avait d'abord connu les humbles débuts qui font les oeuvres solides? Fier de son appartenance à la communauté des Frères des Écoles chrétiennes, au point de refuser le sacerdoce à deux reprises, le frère ne manque pas une occasion de rappeler la mission d'éducateurs dont les frères, depuis les origines, sont investis par leur fondateur et le rôle difficile qu'ont joué les premiers frères à toucher notre sol:

> Les Frères des Écoles chrétiennes ont dressé à Montréal, suivant des méthodes apportées de France, les cadres de l'éducation des garçons de la classe populaire... Dans ce pays nouveau pour eux, face à des problèmes qu'ils n'avaient pas soupçonnés, les premiers frères durent d'abord forger leurs instruments de travail, je veux dire qu'ils durent composer eux-mêmes des manuels scolaires qui, pour toutes sortes de raisons ne pouvaient venir de France.[32]

S'inspirant de ces devanciers, le Frère Marie-Victorin a su faire fructifier au centuple, dans le champ particulier de l'éducation où il a été appelé à oeuvrer, les nombreux talents dont le Ciel l'avait comblé. Et cette oeuvre a été couronnée de succès, grâce à une pratique constante des principes pédagogiques qu'il défendait avec tant de conviction. Ses nombreux disciples en témoignent abondamment; et tout d'abord, Pierre Dansereau:

> Ses cours étaient admirablement bien préparés, Marie-Victorin en classe était moins formel, il était chaleureux, cordial; il y avait énormément d'échanges, dans une université qui vivait l'enseignement magistral «au coton». Mais ses qualités de professeur, on les voyait sur le terrain: la façon qu'il avait de regarder un paysage, de ramasser une plante, d'en raconter l'histoire (...), on pouvait discuter là-dessus et revenir sur les usages que les Indiens en faisaient, sur les usages de la pharmacopée européenne... On se servait d'une connaissance nouvelle pour orienter la discussion dans une direction qui nous était propre. C'est ça, l'enseignement universitaire: un contact entre celui qui en sait plus long et celui qui cherche à apprendre, à s'affirmer. Marie-Victorin acceptait toute opposition avec bienveillance et non avec condescendance, c'était l'image du maître, quelqu'un qui a de l'autorité, quelqu'un qui a de l'envergure et quelqu'un qui est accessible, assez grand pour que, au besoin, on se moque un peu de lui, sans que ça lui fasse le moindrement mal. Par exemple, Marcel Raymond et moi-même qui préférions la littérature contemporaine, nous moquions gentiment de l'affection qu'il portait à Edmond Rostand, des tournures romantiques qui lui servaient quelquefois de commentaires.

Marcel Cailloux dont le but en entrant à l'Université était de trouver un professeur hors pair, s'orienta vers la botanique dont le cours était donné par le Frère Marie-Victorin, qu'il avait connu au Mont-Saint-Louis. Il ne l'a jamais regretté et avoue aujourd'hui, en soulignant également les qualités humaines extraordinaires de ce religieux et sa capacité de s'adapter à tous les auditoires: «Ses cours ont été pour moi une révélation non seulement en tant que botaniste, mais en ce qui concerne la formation générale d'un être humain.» Soeur Berthe Deslongchamps, de la Congrégation de Notre-Dame, qui suivit les cours de l'École de la Route, loue en cet homme, qu'elle qualifie d'extraordinaire, son humanisme affiné par sa spiritualité, ainsi qu'une grande simplicité et une constante disponibilité; ces qualités du professeur, alliées à une très grande affabilité et à une bonté égale pour tous, de même qu'à un respect des autres qu'elle considère comme sa qualité dominante, et à une grande ouverture d'esprit qui ne diminue en rien son sens critique, exercèrent sur ses élèves une influence considérable que Soeur Berthe résume ainsi: «Cette richesse d'être ne pouvait manquer de nous impressionner profondément et de nous donner confiance en la vie.»

Les idées pédagogiques du Frère Marie-Victorin étaient avant-gardistes à une époque où les méthodes actives étaient encore inconnues de la grande majorité des enseignants. De plus, l'attention qu'il portait à chaque élève, son respect de la personne et sa compréhension lui obtenaient davantage que le système punitif encore en usage à ce moment-là. Et pour tout résumer, des méthodes qui savaient éveiller la curiosité et la satisfaire pleinement, utilisées à bon escient par un homme dynamique, ouvert, dévoué et compréhensif: tel a été le secret du succès de cet éducateur que fut le Frère Marie-Victorin. Sa grandeur d'âme ne le laissa pas abattre par l'incompréhension et l'ingratitude: elle lui permit de poursuivre sa route, tout en dénonçant courageusement la pusillanimité et la médiocrité là où il les rencontrait.

Frère Alexandre, é.c. **Frère Rolland-Germain, é.c.**

Visite du président de la Fondation Carnegie, Monsieur Keppel, à l'Institut botanique de l'Université de Montréal et au Jardin botanique de Montréal, en novembre 1940. De gauche à droite: Jacques Rousseau, Pierre Dansereau, Peter Stackpole, assistant de Monsieur Keppel, le Frère Marie-Victorin, Monsieur Keppel, Henry Teuscher, Jules Brunel.

COLLEGE DE LONGUEUIL
DIRIGE PAR
LES FRERES DES ECOLES CHRETIENNES

LONGUEUIL, *30 avril* 19 *15*

Mon cher Rolland,

Merci de vos remarques dont je tiens grand compte. Pour vous en remercier je vous envoie d'autres épreuves. Corrigez toujours genre gai.

Bien à vous fr. Marie-Victorin

Lettre autographe du Frère Marie-Victorin au Frère Rolland-Germain, le 30 avril 1915.
(Correspondance conservée par M. Samuel Brisson, Université de Sherbrooke).

3

LES HAUTS ET LES BAS D'UNE LONGUE FIDÉLITÉ

«Coeur sacré de Jésus, ô ma Mère, bénissez ce travail que j'entreprends aujourd'hui, vous savez pourquoi.» C'est ainsi que, le 7 juin 1903, le Frère Marie-Victorin commence son journal, sous le titre *Mon Miroir*. Il termine alors son noviciat et, en tant que scolastique, fait ses débuts dans l'enseignement. Quelles que soient les raisons qui motivent le jeune religieux, elles nous seront éternellement inconnues. Toutefois, le contenu de ces cahiers nous renseigne sur ses états d'âme pendant dix-sept ans. Il nous permet de suivre son cheminement spirituel durant cette période et de présumer de l'orientation de ses vingt-quatre dernières années, à l'aide également de sa correspondance et des témoignages de ses proches collaborateurs.

Sa devise — «Mes affections: Jésus et tout le reste en lui» — inscrite en page couverture, indique assez bien le radicalisme du don qu'il fait en répondant à l'appel du Seigneur, le

5 juin 1901. La communauté des Frères des Écoles chrétiennes qu'il connaît depuis sa plus tendre enfance semble incarner son idéal de vie. À l'âge où l'âme est encore perméable à l'influence de certains modèles, le Frère Neil, un de ses professeurs à l'Académie commerciale de Québec, est sans doute un élément déterminant dans ce choix. Les Pères Oblats de la paroisse de Saint-Sauveur ont bien espéré attirer ce jeune homme intelligent, pieux et de bonne famille, mais une tentative ultime d'influencer sa décision s'est avérée infructueuse. En effet, un certain soir où Cyrille Kirouac, qui aurait été fier de voir son fils unique accéder au sacerdoce, a aménagé une rencontre entre les Pères Oblats et l'adolescent, ce dernier s'est esquivé habilement. Il n'en a plus été question.

En ce début de juin 1901, avant même la distribution des prix où il aurait remporté les plus grands honneurs, le jeune Conrad, accompagné du Frère Neil, fait donc son entrée au Mont-de-La-Salle, le noviciat des frères, rue Ontario, à Montréal. Ce jour-là, il quitte définitivement le «chaud cercle familial»; le sacrifice est tel que, quatre ans plus tard, son geste demeure encore pour lui un mystère:

> Comment, par quels chemins, Dieu m'amena-t-il à choisir l'Institut des Frères comme l'idéal de ma vie? Je crois le savoir. Le bon Maître plaça sur mon chemin un homme qui a laissé son autographe dans mon coeur comme dans bien d'autres. L'amitié, l'exemple du Frère Neil m'ont donné d'abord l'attrait, la conviction est ensuite venue, puis la force et enfin le sacrifice. Certes il fut grand... car, au 829, rue Saint-Vallier, on s'aimait et on était heureux... Comment ai-je pu faire pour trancher tant de légitimes liens?... Le voilà le secret de Dieu. (1905)[9]

Il faut croire que l'idéal de la sainteté exerce cet attrait qui force à tout quitter: «Faites de moi un saint, un surnaturel, malgré moi s'il le faut!» (1911)[9] L'idéal est sublime, mais il est d'autant moins facile. On n'atteint pas la perfection de la sainteté du jour au lendemain. L'âme s'y exerce habituellement pendant plusieurs années avant que le Seigneur qui l'y appelle ne couronne ses efforts. Ceci se produit au moment où, consciente de sa faiblesse, l'âme s'abandonne totalement à lui.

Il est des vertus dont la pratique est essentielle au salut; elles sont reçues en germe au baptême et, comme il est dit symboliquement dans la parabole des talents, elles doivent fructifier. On les nomme théologales, parce qu'elles ont Dieu pour objet; ce sont la foi, l'espérance et la charité, mais «la plus grande des trois», nous dit saint Paul, «c'est la charité.» Celui qui entre en communauté se consacre entièrement à Dieu et au service du prochain. Nous verrons plus loin comment, par la pratique des voeux religieux, de la vie communautaire et de l'apostolat, le Frère Marie-Victorin a vécu le double commandement de l'amour de Dieu et du prochain. Contentons-nous pour le moment de relever un passage que cette vertu lui inspire:

> Oh la charité! ce feu dont brûle l'Évangile surtout quand il coule par la plume de saint Jean. La charité, la voilà la solution du problème social, la voilà la loi de l'ordre. Sans la charité, le monde serait un repère de bêtes fauves; avec elle c'est un séjour heureux où les joies et les peines sont portées en commun et par cela même allégées. (1904)[9]

Plus ou moins utopique sur le plan social, cette théorie devient une pratique ou du moins tend à le devenir dans la vie communautaire. Le frère, qui semble parler en connaissance de cause en 1904, aura pour les autres de ces délicatesses inspirées par la reine des vertus. Il a pris l'habitude, entre autres, de s'intéresser au sort des frères oubliés et de les «sortir», d'après le témoignage d'un confrère.

C'est là une des manifestations de cet «esprit de charité» qui doit «mener» sa vie, ainsi qu'il l'a résolu au moment de se consacrer définitivement à Dieu par les voeux perpétuels, le 23 juillet 1915:

> Je l'étendrai à tout, à tous. J'inclurai d'abord ceux de mes élèves qui ont mauvais coeur. Je me ferai violence et leur donnerai tous mes soins. Puis, je

ferai en sorte de réprouver mes excès de langage qui me donnent, en communauté, physionomie d'un homme sans charité. Je pardonnerai tout, pour l'amour de Jésus, et je ferai bon visage à tous. Ce tout renferme un bien gros sacrifice, mais il faut que je le fasse. Sans cela je ne serais ni chrétien ni religieux. (...) Avant tout: charité![9]

Répondre à un appel venu d'en haut et persévérer exige une bonne dose de foi. Se pourrait-il cependant qu'elle soit confondue avec une certaine sentimentalité? Le frère se pose la question en toute lucidité:

Je me suis demandé ce que je suis à côté d'un homme de foi et si, au lieu de la foi simple et ardente, je ne suis pas un tenant de cette vague religiosité que le bon frère (Arnaud) aimait à flétrir. (1906)[9]

Les consolations spirituelles qui soutiennent ordinairement les débutants ne sont pas cependant la nourriture habituelle des âmes plus avancées qui doivent triompher du doute: «Il me souvient que mon noviciat fut traversé de violentes tentations contre la foi.» (1904)[9]

Ces tentations prennent un aspect bien particulier et le journal intime devient le témoin de la lutte pénible qui s'engage dans l'âme du religieux bien décidé de rester fidèle:

Oh! Combien pénibles ces doutes qui me traversent l'esprit, parfois! (...) Comment sacrifier les joies réelles et présentes de la chair jeune pour des abstractions vacillantes?

Et cependant, je crois, Seigneur, en vous, en votre action, en votre bonté. (...) Si Dieu n'est pas, si le Christ n'est pas Dieu, la vérité est un mythe et ne vaut pas la peine d'être recherchée, la science n'est qu'un jeu comme un autre, et nous tous, des automates.

Mais vous existez, mon Dieu, et vous Jésus, vous êtes Dieu et Dieu bon. (1917)[9]

C'est donc par des actes de foi qu'il triomphe de ses doutes. Sainte Thérèse de l'Enfant-Jésus, «cette âme de lumière» qu'il désire «fréquenter davantage», n'avait pas trouvé meilleur moyen pour surmonter ses tentations contre la foi. Mais l'espérance, la «petite soeur» ainsi nommée par Péguy, vient soutenir l'âme dans ses difficultés: «Je parle comme si j'étais sûr du paradis (...) c'est téméraire (...) mais moi, je n'ai jamais la force d'en douter.» (1904)[9]

Contradiction? Non; l'âme aussi connaît des hauts et des bas.

Pour être plus conformes au divin modèle, les religieux s'engagent par voeu à pratiquer les vertus évangéliques de pauvreté, de chasteté et d'obéissance. Certains confrères se scandalisaient, paraît-il, de voir le frère, durant les dernières années de sa vie, utiliser une voiture personnelle pour ses nombreux déplacements. Ses supérieurs qui l'y avaient autorisé considéraient que l'état précaire de sa santé d'une part et ses obligations professionnelles d'autre part en faisaient une nécessité. Les biens de ce monde deviennent un obstacle à l'union à Dieu quand ils accaparent l'esprit et le coeur. Le frère les a toujours considérés comme des moyens de mieux servir. Très lucide sur ses intentions dès le début de sa vie religieuse, il ne se fait pas scrupule de ce qu'il pourrait avoir en trop:

> Le détachement! Il me semble que, bien que dix ans aient accumulé bien des fanfreluches autour de moi, je ne tiens pas à grand-chose de ce qui se vend et s'achète. (1915)[9]

> (...) d'autant plus qu'en cas de changement, je ne demanderais à emporter que les objets nécessaires à mes études. (1907)[9]

L'erreur consisterait à utiliser ces biens sans réelle nécessité. Ainsi quand, en 1909, son père s'achète une automobile, le tentateur fait miroiter devant lui deux petits tableaux: dans l'un, Conrad Kirouac promène ses soeurs en voiture, dans l'autre, Marie-Victorin demande à son supérieur quelques billets de tramway. Il lui eut été relativement facile alors de choisir le premier tableau; il ne l'a pas fait.

Le sacrifice des biens matériels par le voeu de pauvreté peut être pénible pour le religieux, mais la consécration à Dieu atteint la personne dans sa chair même:

> C'est étrange ou plutôt c'est naturel: je sens l'aiguillon de ma chair redoubler d'intensité. Ce corps que j'ai consacré à Dieu se révolte, veut jouir. Mon Dieu, mon Jésus (...) ne permettez pas que le vain fantôme du mariage éclipse dans mon âme l'amour de la blancheur du lis. (1903)[9]

Au cours des siècles, une foule innombrable de fidèles ont confié la garde de leurs sens à Marie, reine des vierges. Si de nombreuses communautés se sont abritées sous l'un ou l'autre de ses vocables, toutes sans exception lui conservent une place de choix dans leur vie. Et l'intercession de cette créature privilégiée s'est avérée, à ce qu'on dit, toujours efficace. Le Frère Marie-Victorin qui a choisi de porter son nom, se tourne vers elle, quand le combat devient inégal:

> Que Marie que j'aime (...) me garde, car je sens dans ma chair l'aiguillon de mes vingt ans (...) et combien fortement (...). Comme ce serait vite fait si j'étais dans le monde: comme je serais vite un gamin raffiné. (1905)[9]

Les moyens utilisés sont toujours faibles en regard des difficultés rencontrées dans la poursuite d'un idéal aussi élevé, mais ils manifestent une bonne volonté évidente et, en ce sens, attirent la grâce de Dieu dans les âmes. Un de ces moyens consiste dans la pratique des vertus, en l'occurence, de la prudence:

> J'ai compris durant cette retraite l'importance pour moi d'entourer ma chasteté d'un rempart solide de prudence et de prière. Quel malheur si une témérité irréfléchie m'enlevait ce précieux trésor. (1905)[9]

Le problème n'est jamais réglé une fois pour toutes. À trente-deux ans, le frère subit encore les assauts de la chair, mais il a appris à les sublimer:

> Mes puissances sexuelles semblent exagérer — symptômes de faiblesse physique peut-être — et j'ai peine parfois à les refréner (...), il y a d'autres moyens d'être *source* que celui qui consiste à engendrer des corps!... Je veux donc (...) me hisser tout en haut et rendre ma vie utile à un toujours plus grand nombre d'âmes. (1917)[9]

La faiblesse physique, la maladie? Peut-être en effet. Les phtisiques n'ont-ils pas toujours été considérés comme de grands passionnés? Mais le frère se fait également scrupule de partager son coeur. N'a-t-il pas glané cette phrase au hasard de ses nombreuses lectures: «Si vous faites deux parts de votre coeur, sachez que la créature en aura toujours plus que le Créateur.» (1905)[9]

Il éprouve une certaine difficulté à accepter que le «coeur s'ouvre toujours à l'affection», malgré la déception qui accompagne chaque expérience. Saint Augustin avait mis des années à le comprendre et l'avait exprimé dans une phrase devenue célèbre: «Tu nous as faits pour toi, Seigneur, et notre coeur sera inquiet jusqu'à ce qu'il se repose en toi.» Le frère en a-t-il éprouvé la justesse? Quand la vie le sépare de ceux pour lesquels il ressent une plus vive affection, il se sent libéré:

> Certaines natures que j'aimais sont maintenant loin de moi et je sais que c'est une libération bien que mes amitiés soient toujours restées pures. Il est clair que la vie du coeur quand elle est intense absorbe toutes les puissances. Le bon Maître, est-ce que je l'aime encore? Oh oui, malgré mes froideurs et mes inconscients abandons. Il n'y a encore que lui pour réchauffer le coeur. (1916)[9]

Un ralentissement de la vie sentimentale se traduit parfois par une excitation de la vie cérébrale, mais même cette inoffensive compensation est considérée comme une imperfection:

(...) attiré par mille côtés, c'est l'austère mais agréable figure de l'étude; c'est la musique avec ses enjôlements; c'est la littérature avec ses charmes... c'est ...ce devrait être vous seul ô mon Dieu, (1903)[9] (car) le partage du coeur. Non mon Jésus, je ne veux pas partager le mien![9]

Soumettre sa volonté à celle de ses supérieurs est, paraît-il, pour les religieux, le sommet du renoncement et de la consécration au Seigneur. Voir Dieu dans son supérieur est relativement facile quand ce dernier est sympathique. Ce fut le cas lors de la visite du Frère Allais-Charles au Canada. Cependant, la distance est longue entre l'Europe et le Canada, et le supérieur général peut demeurer un illustre inconnu:

Temps ultra-triste! Vrai temps pour mourir!... Je viens de faire ma reddition au Très Honoré et je dois avouer que s'il n'a que cela pour me connaître, mon fonds lui sera toujours inconnu!... Ces correspondances avec des gens qu'on ne connaît pas, qu'on ne verra jamais et pour qui je compte exactement pour 1/20 000e, sont peu invitantes aux effusions et aux confidences. (1908)[9]

Quand le religieux n'est pas connu du supérieur général autrement que par les personnes interposées que sont les supérieurs provinciaux et les supérieurs locaux, il arrive que certaines de leurs décisions soient incompréhensibles. C'est à ce moment que l'obéissance vouée peut devenir crucifiante et combien méritoire. Ainsi en est-il quand le Frère Marie-Victorin n'est pas autorisé à renouveler ses voeux triennaux en 1913; cette épreuve le meurtrit, mais il sait l'accepter:

La cérémonie des voeux a été plutôt pénible pour moi ce matin... J'adore la main du Maître qui m'a procuré cette humiliation dans ce que j'ai de plus sensible, mon honneur religieux. (...) J'espère, ô mon Jésus, que l'an prochain je m'avancerai aussi parmi les fleurs et les lumières pour vous faire l'offrande définitive de mon être. (1914)[9]

Ce souhait bien légitime ne se réalisera qu'en 1915, mais sera l'occasion de divisions au sein de la communauté:

> Je viens de recevoir un petit billet m'annonçant que l'on m'autorise à faire ma profession. La lutte a été épique ici. Depuis le chapitre, la moitié de la communauté ne regarde plus l'autre, soit dit avec un peu d'exagération (...). Ils ont eu l'air d'être un peu embarrassés, là-haut, d'avoir à statuer sur un type dont on disait des choses absolument contradictoires. Enfin le Saint-Esprit et d'autres ont parlé et le morceau a été enlevé.[33]

La joie qu'il éprouve de cette consécration officielle se mesure à l'intensité du désir qu'il en a eu pendant des années: «Ça y est! Le grand Christ de la profession bat sur ma poitrine. Je ne suis plus à moi, je suis à Lui et pour jamais. (...) Je suis sur un sommet aujourd'hui.» (1915)[9]

Mais cette joie, pour durer, doit être autre chose qu'une étincelle:

> Il faut que ma profession soit un tournant sur la route de ma vie, qu'elle m'aiguille vers cette vie d'union à Jésus qui est tout le secret du bonheur, bonheur dont j'ai déjà goûté des bribes quand j'ai voulu vivre quelque temps de la vie de prière. (1915)[9]

Il semble que, dans tout ceci, le frère rencontra l'incompréhension de deux ou trois supérieurs. Jalousie? Peut-être! Marie-Victorin était un être supérieur à tous les points de vue. Son intelligence, son esprit d'initiative, voire son audace, le mettaient déjà à part; l'état de sa santé et les circonstances ont fait le reste. On acceptait difficilement par exemple qu'il ne soit pas toujours aux offices avec les autres. Pourtant, comment se lever à quatre heures et demie quand on s'est couché très tard pour présider les activités du Cercle La Salle et que, de plus, on a peut-être fait une hémorragie pulmonaire durant la nuit? Il ne faisait pas bon d'être «différent» en communauté, à cette époque, et cela se comprend en partie: c'était la mentalité. La lucidité du frère face à certaines attitudes le pousse à entreprendre des démarches qui peuvent paraître osées:

> Depuis quelques jours, le cher Frère Directeur semble vouloir faire du Frère Alexandre et de moi de simples souffre-douleur. Cela ne peut durer et doit s'expliquer d'ici à quelques jours. (1904)[9]

> J'ai à me reprocher de parler à mon supérieur avec un peu trop de désinvolture (en bon français suffisance). (1906)[9]

À maintes reprises, l'état maladif du frère l'expose à être retiré de l'enseignement. Cette épreuve rencontre comme en écho dans son âme le *fiat* du Maître:

> Le 27 décembre, en la fête de saint Jean, j'ai eu une hémorragie, bientôt suivie de quatre autres (...). On parle de m'envoyer bel et bien à l'infirmerie du Mont-de-la-Salle et de me remplacer définitivement en classe. Si cela se fait, ce sera le plus grand sacrifice que Dieu m'ait demandé à Saint-Jérôme. (...) En tout cas, c'est dans toute la sincérité de mon coeur que je dis mon *fiat* (...). Cela ne me sourit guère, mais la vie n'est pas un chapelet de sourires, car alors, inutiles le froc et le serment. (1904)[9]

Ce *fiat* prend une autre dimension devant une perspective plus dramatique encore: «La perspective de l'impuissance pour l'action et pour le bien j'en fais l'acceptation sincère, s'Il me le demande.» (1905)[9]

Devant la maladie qui frappe des êtres jeunes désireux de servir, certains se révoltent. Marie-Victorin, ayant trouvé la motivation par excellence, s'engage dans la voie suggérée par saint Ignace de Loyola:

> Puisque Dieu est ma fin, l'unique sagesse et l'unique bonheur consistent à unir ma volonté à la sienne. Dans l'état où je suis surtout, je dois pratiquer cette abnégation entière et ne pas désirer la santé plus que la maladie, la consolation plus que la douleur... (1904)[9]

L'opposition qu'il rencontre de la part de ses supérieurs dans l'exercice de son apostolat le surprend et le déconcerte, mais là encore l'obéissance triomphe: «Je suis dans la disposition de subordonner à l'avenir l'exercice de mon zèle et de mon activité aux données de l'obéissance.» (1911)[9]

Cependant, cette obéissance n'est pas passive; il soumet par exemple son projet du Cercle La Salle au supérieur général lors de sa visite et reçoit son approbation.

Pour diverses raisons, le frère doit s'absenter à maintes reprises de son couvent: congrès, conférences, réunions, enseignement à l'Université, voyages, etc. C'est l'époque où, pour la plupart des religieux, la résidence est en même temps le lieu de travail; les sorties sont par conséquent très limitées. Les nombreux déplacements de Marie-Victorin font donc de lui un religieux à part, ce qui ne l'empêche nullement, bien au contraire, d'aimer sa communauté et de s'y retrouver avec plaisir. Il sera heureux d'y reprendre une vie tranquille et son bureau lui paraîtra doux, une fois, entre autres, après «huit jours fiévreux passés dans les tramways». Cette vie *extra muros* est même pour lui, d'après Robert Rumilly, son drame secret: «tenir à sa Congrégation par-dessus tout, sans pouvoir vivre tout à fait suivant la règle.» Car, même présent, il doit obtenir, à cause de son état de santé, la dispense des exercices communautaires. Cependant, les confrères qui vivent à ses côtés lui vouent presque un culte; c'est là sans doute le meilleur témoignage sur la qualité de sa présence et de ses relations en communauté, et cela vaut bien une présence constante mais pesante pour les autres. Toutefois, la vie communautaire lui est pénible à certains moments pour des raisons qu'il précise: «L'hypocrisie, les petites manoeuvres dans l'ombre irritent ma nature. Que le bon Maître m'accorde la paix et la charité nécessaires pour supporter tout le monde.» (1907)[9]

Malheureusement, les élèves seront parfois les victimes de la jalousie que certains confrères éprouvent à son endroit:

Hier, je vais à Montréal avec le Frère Directeur, nous dînons à l'hôtel Probatus — suis allé à la *Cor-*

poration des projectionnistes canadiens. Hier aussi les élèves ont fait une marche de fous; leur *boss* a voulu leur montrer ce qui les attend quand ils le priveront d'un voyage à Montréal. Ils sont revenus de Boucherville pataugeant et rageant. Voilà comment on s'y prend pour soutirer une pièce de dix cents. (1908)[9]

On devine ici un sourire moqueur, teinté d'amertume mais, quand le frère sera atteint dans sa réputation même, la sensibilité blessée ne pourra trouver qu'un seul recours: «Quand la calomnie assaille, que l'on sent frémir d'indignation toutes les fibres de son coeur, nul autre que vous ô Jésus n'est capable de calmer et de consoler.» (1909)[9]

L'exercice auquel un religieux ne saurait se soustraire sous aucun prétexte est l'oraison, «cette conversation coeur à coeur avec Dieu que l'on aime et dont on se sait aimé», selon la définition de la grande Thérèse. Dès le début de sa vie religieuse, Marie-Victorin l'a bien compris: «Pour être vraiment religieux, il me faut être un homme intérieur, et je ne deviendrai un homme intérieur que par l'oraison faite avec courage.» (1911)[9]

Malgré ces bonnes dispositions, le frère constate que son oraison est en souffrance; il décide alors de prendre conseil et de régler ce problème avant la fin de la retraite, car il a lu, au coin d'un couloir, que le religieux qui néglige l'oraison se jette dans l'enfer. Cette crainte de l'enfer n'est pas cependant ce qui le motive le plus, l'oraison étant devenue pour lui «une oasis dans le désert de (sa) vie religieuse». (1905)[9]

Point n'est besoin toutefois d'être à la chapelle ou dans sa cellule pour être en communion avec Dieu. Bien des âmes l'ont découvert par le biais de la création:

Mon âme! comme ce serait téméraire d'en faire une analyse (...) je suis dispersé par mille objets différents, plus tentatifs les uns que les autres, et comme je rougis quand je tombe sur quelque ouvrage où coule ce langage mystique qui, me semblait-il au noviciat, devait être le langage de ma vie! Et cependant, quand ce remords me poinçonne le coeur, je fais diverses réflexions dont en voici une: le vrai dans toutes ses formes, dans la religion, dans l'histoire dont la nature est partie essentielle de Dieu, le beau aussi, partout dans la nature, comme dans l'art, c'est Dieu! Est-ce qu'un religieux se fourvoie en y consacrant ses énergies? (1906)[9]

Un jour, la réponse lui viendra: la *Revue trimestrielle canadienne* de décembre 1931 nous la fait connaître: «La science est une mystique qui rejoint l'autre sur les mêmes sommets.»[179]

Dans la vie religieuse, la prière, la contemplation doit avoir une place privilégiée: l'action ne la remplace jamais. Cependant l'action semble parfois se faire contemplation:

J'éprouve un charme inexprimable à ces courses solitaires, où rien ne parlant aux oreilles, tout porte à l'âme (...) ces hêtres qui gardent encore quelques feuilles jaunes et tremblotantes, comme des illusions de jeune homme qui s'obstinent à ne pas tomber. (1904)[9]

Comme pour signifier que cette contemplation veut déboucher sur Dieu, le frère demande à Jésus de le conduire par «l'échelle des fleurs», puisqu'il veut qu'elles le «médusent.» Et quel meilleur usage peut-il en faire que de les offrir à la Vierge, à la Mère, au chef-d'oeuvre de la création: «Marie... acceptez comme vôtres ces fleurs que je mentionnerai souvent et ne vous effrayez point des grands noms qu'elles portent et que je supporte...» (1905)[9]

Tout aussi agréables, ces autres fleurs d'une prière prolongée à la petite chapelle Notre-Dame-de-Lourdes où il demeurait jusqu'à une heure, selon le témoignage de plusieurs. Sa dévotion à Marie souffre des lacunes que l'on rencontre parfois dans certaines pratiques mal utilisées; ainsi, la dévotion au «mois de Marie» est-elle belle, mais encore faut-il que cette pratique incite à la prière. Tel ne fut pas le cas en cette année où toutes les conférences portèrent sur la Terre Sainte et où le chant fut perçu comme du «miaulage». Le frère fut déçu de l'avoir passé si «sec» et de n'avoir pu prier.

Les plus grands saints sont passés par la nuit de l'esprit, par l'aridité spirituelle où la prière n'apporte aucun réconfort à l'âme. Dans une certaine mesure, toute âme qui cherche Dieu passe par cette étape, permise en vue d'un détachement plus grand. Le journal du frère sera maintes fois le confident de ces difficultés:

> Sec. Sec. Sec comme un hareng saur! Mon Dieu, où suis-je? ...Suis-je seulement encore chrétien? Et s'il est vrai que l'homme est ce que sont ses occupations, je ne suis pas grand-chose au point de vue spirituel qui est l'unique point de vue. (1906)[9]

Il arrive que la sécheresse soit le résultat d'un manque de générosité. Reconnaître ses faiblesses, c'est faire preuve de cette humilité qui est le fondement même de la sainteté. Le frère attribue sa baisse d'enthousiasme pour le bien à son manque d'esprit de mortification et prend des résolutions en conséquence. Le jugement qu'il porte sur sa vie de prière est plutôt sévère en regard du témoignage de certains confrères qui l'ont connu intimement; selon eux, le frère priait sans cesse en travaillant, devant la nature comme à son laboratoire; de même, le missel et le chapelet ne quittaient pas son chevet à l'infirmerie.

Les communautés contemplatives sont vouées à la prière et à la pénitence; les communautés actives, à la prière et à l'action. Il n'est jamais facile de faire la juste part de l'une et de l'autre. En ce qui le concerne, le frère trouve un lien de finalité entre la sanctification personnelle et l'apostolat: être un saint religieux pour faire tout le bien possible. (1911)[9] Malgré tous les efforts déployés, l'apostolat est une entreprise que l'on ne réussit jamais seul. Le frère l'a compris:

> C'est à Marie que je confie mes craintes et mes espérances; qu'elle s'installe en maîtresse dans ma classe, qu'elle sonde les coeurs, remue toutes les consciences, guérisse toutes les plaies. Qu'elle m'inspire à moi de leur dire les choses dont ils ont

besoin, de ces vérités, de ces mots, tout simples quelquefois et qui cependant suffisent pour rectifier l'orientation d'une âme, (1908)[9]

car il s'agit souvent de «caractères grincheux, d'âmes faibles qu'il faut toujours relever.» (1915)[9]

Le Cercle des Anciens en ramène parfois quelques-uns qui sont à «toutes les catégories de l'échelle sociale» (1908)[9]; le frère demande à Dieu la grâce de leur faire du bien.

En éducation, bien des méthodes, sinon toutes, ont été utilisées. Il semble qu'elles se valent à peu près toutes et que, en dernière analyse, c'est l'éducateur qui en assure le succès. On ne saurait donc imposer indifféremment telle ou telle méthode sans tenir compte de la personnalité de celui qui l'applique; c'est à l'éducateur de choisir. Marie-Victorin a souvent à lutter pour faire accepter son point de vue, le directeur défendant celui de la justice et le frère, celui de la miséricorde:

> Je souffre dans mes plus chères convictions, dans mes idées sur l'éducation et la discipline (...) je me sens dépaysé: on dirait que mes idées sont d'un autre siècle tant elles diffèrent de celles qui règnent autour de moi. (1908)[9]

Mais ces difficultés que l'éducateur rencontre chez les élèves et les représentants de l'autorité ne sont pas les seules; à propos du Cercle La Salle, le frère est porté à croire qu'il y a du bien à faire, puisque le diable lui-même «y met la patte». Il demande à Jésus la douceur et l'humilité et surtout la force de souffrir, car la lutte est terrible; mais les choses ne valent-elles pas ce qu'elles coûtent? Et voici ce qu'elles peuvent coûter parfois: «Ô jeunes gens! votre âme est précieuse, elle est belle souvent, mais la conquête en est difficile et combien de larmes et de sang elle fait verser.» (1908)[9]

Si la souffrance dépend de celui qui la provoque, son intensité n'est pas étrangère au tempérament de celui qui la subit: le frère se dit à la fois heureux et souffrant, et en attribue la cause à ses rapports avec les élèves, car il est ainsi fait que, quand il met son intelligence et son coeur à aider quelqu'un, «la moindre fredaine, le moindre oubli, un rien (lui) travaille le coeur». Mais il veut bien souffrir, «pourvu que le bien se fasse.»

Cependant la souffrance peut parfois atteindre une profondeur qui enlève le goût même de continuer la lutte; le frère avoue, en toute humilité, ressentir comme l'ennui ou le dégoût de ses occupations. La route est si sombre à certains moments qu'il remet en question la valeur même de sa souffrance:

> Souffrance de marcher dans le vide, dans le noir, sans comprendre ce que l'on touche, sans savoir ce que l'on foule. Oh! ne pas même savoir si sa douleur est légitime ou si elle n'est que de l'amour-propre raffiné. (1915)[9]

Tout donner et se donner soi-même pour aboutir parfois à des résultats médiocres ou plus ou moins bons, loin de l'idéal entrevu et désiré, semble être la plus grande épreuve qui atteint l'apôtre:

> Je ne sais comment mon action doit et peut être perçue en dehors, mais pour ma part, je suis constamment tourmenté par la vision d'un idéal plus haut, il me semble toujours que je n'élève pas assez. (1907)[9]

Pour assurer le bonheur de ses élèves, il ne met aucune limite à son don: «Je serais prêt à tous les sacrifices pour le voir vivre en paix avec Dieu.» (1915)[9]

Une de ses préoccupations, celle qui rejoint probablement cette «vision d'un idéal plus haut», est sans doute l'éclosion des vocations parmi ses élèves pour lesquelles il multipliera les prières et les sacrifices. Consolation de courte durée, trois de ses élèves se joignent à la communauté, mais malgré les encouragements, les soins et l'attention du jardinier, ces vocations ne parviennent pas à leur plein épanouissement. Ces échecs valent au frère la réputation, aux yeux de plusieurs membres de sa communauté, d'un religieux indifférent qui manque de zèle apostolique. Nous savons combien cette réputation n'est pas justifiée. La fondation du Cercle La Salle, l'organisation de retraites fermées, l'intérêt porté à ses anciens élèves ont toujours comme priorité l'épanouissement spirituel des jeunes gens, ainsi qu'en fait foi, entre autres, cette résolution de retraite:

> Créer un milieu de plus en plus intensément chrétien et tâcher d'amener quelques belles âmes en religion. Soigner le Cercle des anciens et le rendre de plus en plus un foyer de vie surnaturelle. (1915)[9]

Il est bien connu que les classes de finissants n'ont jamais été un terrain bien propice aux vocations, et c'est celui que le Frère Marie-Victorin cultive.

Pour ses élèves, ses amis et les confrères qui le connaissent bien, le frère n'a pas la réputation d'être moralisateur, de «faire des sermons». Les merveilles de la création auxquelles s'ajoutent «trois ou quatre mots bien placés» constituent le langage qu'il connaît le mieux. Le témoignage de Jos Mercure en fait connaître un autre:

> Ce qui m'a fait le plus de bien, ce sont les entretiens où vous faisiez appel à ma générosité en faveur de la bonne cause — sans vouloir blâmer personne, cela vaut mieux que des considérations abstraites sur la sainteté. (1909)[9]

S'il respecte la vie personnelle de ses protégés au point de ne jamais imposer ses vues, le frère s'interroge régulièrement sur sa vie personnelle: «Qu'est-ce que le bon Dieu pense de moi de ce temps-ci? Je serais bien embarrassé de répondre à cette question (...) rien d'embarrassant comme d'essayer à se connaître.» (1905)[9]

La retraite annuelle est pour lui l'occasion de scruter sa propre conscience avec une grande sévérité:

> Ce que j'ai fait pour Dieu? Oh! peu de choses: quelques bonnes prières semées de-ci de-là au cours de l'année, quelques essais d'apostolat bien encadrés d'amour-propre... Par contre que de prières et d'oraisons omises sans nécessité réelle, que de man-

ques à la charité, que d'immortifications, que de
retours d'amour-propre (...) toujours la même mol-
lesse, toujours les mêmes défauts caressés. (1908)[9]

La contemplation des souffrances du Christ, de sa flagella-
tion, de son couronnement d'épines, peut inciter ses disciples
à s'imposer des pratiques difficiles en elles-mêmes. Certains
sont allés très loin dans cette voie. Le frère y cherche une
motivation, mais doit reconnaître que sa foi est faible, alors
que la vraie conversion se mesure à la force de cette vertu
théologale. Ses considérations sont suivies de résolutions,
souvent les mêmes, auxquelles s'ajoutent des méthodes, des
moyens précis:

> Maintenir, fortifier celles de l'an dernier — préparer
> mon oraison, la faire avec application autant que je
> puis me connaître. Je crois qu'il vaut mieux que je
> fasse une lecture méditée, — ça empêche mieux le
> sommeil, — veiller à la charité fraternelle. Éviter le
> plus de frottements possible — ne pas envenimer
> ceux qui sont inévitables. (1908)[9]

> Union à l'autorité. (1905)[9]

> M'élever dans une pureté toujours plus grande.[9]

Un moyen qu'il utilisera, au moins au début de sa vie religieuse, sera d'évaluer sa fidélité à l'aide de points: pour chaque exercice de piété, dix points, et quand il descend à cinq, il
s'impose une pénitence. Cela vaut bien la peine, n'est-ce pas,
quand on envisage la perspective du ciel:

> La mort? Quel bonheur que d'aller contempler la
> Vérité éternelle et jouir du beau Ciel! La terre est si
> petite, si vilaine! pour moi, je n'y trouve de beauté
> que là où l'homme n'a pas passé. Sinon, travailler
> plus fort pour les âmes: le seul travail qui vaille
> quelque chose. (1908)[9]

Non, le Ciel n'est pas pour maintenant. Le frère devra
l'espérer encore trente-six ans. En attendant, il lutte pour
persévérer dans son premier choix:

Oui, l'Institut de saint Jean-Baptiste de La Salle est pour moi ce vaisseau bien discipliné qui doit me conduire au port du salut malgré l'obstacle qu'il faut contourner, la tempête qu'il faut soutenir. L'essentiel est d'y rester et de mériter d'une certaine façon, par une prière constante et fervente, de ne pas passer par-dessus bord, (car) plus j'examine, plus je connais ce monde que je ne faisais qu'entrevoir, plus je me persuade que je m'y serais perdu. (1904)[9]

Après un don généreux et que l'on a voulu total, il arrive qu'au cours des années on le reprenne petit à petit; le frère en est bien conscient et demande au bon Maître de ne pas le laisser «courir après les morceaux» après avoir «quitté le monde en bloc.» Il est cependant assez motivé pour demeurer frère des Écoles chrétiennes; comme il l'écrit lui-même, ce qui le retient, c'est l'apostolat par l'éducation des jeunes:

Il me paraît assez facile de jouir de la vie que m'ont faite les circonstances. Mais ce n'est pas pour cela que je me suis fait frère, grâce à Dieu. Si mon but avait été aussi peu élevé, je n'aurais eu qu'à rester chez nous. Non, la cause de l'éducation est assez belle pour qu'on combatte pour elle et quel que soit le jugement que puissent porter sur ma manière d'agir quelques *charitains,* il me semble que mes motifs sont légitimes. Que s'il s'y mêle, par la faiblesse des choses humaines, de l'amour-propre et de l'envie, je demande tous les jours à Dieu de m'en purifier. (1908)[9]

Mais c'est d'abord et bien davantage l'amour du Christ, l'apostolat découlant de cet amour: «Ô Jésus, c'est pour vous, c'est pour donner suite à votre Évangile que je reste sous le drapeau méprisé: gardez-moi à votre tour.» (1916)[9]

Nous savons que le Frère Marie-Victorin a en effet persévéré dans sa vocation jusqu'à sa mort. Que s'est-il passé entre 1920, cette dernière année où il se confie à son journal, et 1944? Nous en avons seulement quelques indices, précieux tout de même parce que peu nombreux. Cette maladie qui ne l'a pas quitté un seul instant lui laisse entrevoir une fin prématurée. Dans sa correspondance avec sa soeur Mère Marie-des-Anges, il fait souvent allusion au vieillissement et à ce qui meurt un peu tous les jours en lui:

> Nous vieillissons ostensiblement n'est-ce pas et dans cette ascension un peu pénible vers la cinquantaine et l'expérience, nous laissons les plumes de notre santé, de notre enthousiasme et de nos illusions (...);[34]

> nous perdons probablement tous un peu de goût pour ce que l'on pourrait appeler la ferblanterie religieuse.[35]

La vie se charge donc de le ramener à l'essentiel: «Merci surtout de tes bonnes prières. Il n'y a que cela qui compte.»[36]

Comme la volonté de Dieu n'est pas toujours facile à discerner, il sent le besoin d'une lumière intérieure et la même prière monte sans cesse de ses lèvres:

> Il n'y a qu'une prière au fond pour un être humain; c'est celle de l'aveugle-né, si émouvante: 'Seigneur, faites que je voie.' Nous sommes tous de bonne volonté, mais nos yeux sont toujours couverts d'un voile.[37]

Il conserve intact l'idéal de sa jeunesse, jamais atteint mais inlassablement poursuivi, et envisage la maladie, qui ne l'a jamais quitté non plus, comme un moyen de s'en approcher: «Prie pour moi afin que j'aie la patience de supporter mon mal et de l'employer à me sanctifier enfin.»[38]

Celui qui toute sa vie se nourrit du même idéal, désireux en même temps de préserver son authenticité, sentira la nécessité de s'adapter de jour en jour aux réalités de la vie qui autrement risqueraient de l'affecter, à son insu peut-être, dans cette authenticité même:

> Que Dieu nous garde et nous bénisse! Qu'il nous renouvelle l'âme de telle sorte — car nous avons cinquante ans! — que nous ne passions pas notre âge

mûr à jouer la comédie de nos premières sincérités.[39]

Outre la prière, la dévotion à Marie, la soumission à la volonté de Dieu et la charité demeurent des priorités dans sa vie d'adulte, prolongeant le sillon tracé dès les premières années. Il n'oublie pas les fêtes de la Sainte Vierge et, dans ses nombreux voyages, il aime la saluer dans les sanctuaires qui lui sont dédiés. Le nom même qu'il porte, tel le chevalier qui exhibait les couleurs de sa dame, est un rappel constant de son attachement:

> Aujourd'hui, quand presque tout le monde m'appelle (...) Marie-Victorin, je souris d'aise et il me semble qu'en considération de cette politesse, Marie me gardera malgré ma misère.[40]

La volonté de Dieu perçue comme un effet de sa Providence qui ne peut vouloir que notre bien a toujours reçu chez Marie-Victorin un accueil généreux; il s'en remet donc à la Providence, le jour où il éprouve une certaine inquiétude pour ses yeux.

La sagesse acquise au cours des années se cristallise sur le précepte évangélique par excellence:

> Il nous vient avec l'âge (...) une plus grande ferveur et une plus grande compréhension des grands commandements de l'amour et de la charité et des grands exemples de Jésus de Galilée.[41]

Tel le diamant qui rayonne de tous ses feux, cet amour dont il est rempli doit rejaillir sur les êtres qui l'entourent:

> Vivre pleinement, faire le bien, faire des heureux — car c'est le premier commandement du Christ — semer dans les âmes le bon grain (...) le bien, la joie et le bonheur.[42]

Ce programme de vie est en continuité avec l'idéal apostolique entrevu dès les premières années et poursuivi depuis. De même, l'orientation de sa vie spirituelle est demeurée essentiellement la même: la poursuite de la sainteté dans la ligne de la volonté de Dieu, de la prière, de l'attachement à Marie et de la charité. Le don total de soi à Dieu, par les voeux de religion, en vue de la sanctification personnelle et du salut des âmes accomplit parfaitement en effet le double précepte de la charité que Jésus nous a laissé.

4

LES AMITIÉS FÉCONDES

Le précepte de la charité exige une disposition telle que celui qui l'observe doit être prêt à donner sans attendre de retour. Cet amour désintéressé fait appel à ce qu'il y a de plus noble en l'être humain et peut aller jusqu'à l'héroïsme. C'est sans doute à ce genre de relation que le Frère Marie-Victorin fait allusion quand il écrit en 1919:

> Le long du chemin de la vie, j'ai bien des fois semé dans des coeurs de disciples et d'amis que je croyais sincères et éternels, le meilleur de mon âme, et bien des fois aussi, à l'usure des jours, j'ai vu les coeurs se fermer et les traits se durcir en un masque étranger! Mais, parce que le Christ n'a pas mis de condition à son divin précepte d'aimer les hommes, nos frères, je me suis dit: «Malgré tout, je sèmerai encore sur le renchaussage.»[43]

Ceci ne manque pas d'étonner quand, par ailleurs, tout au long de sa vie, le frère fut l'objet d'une profonde admiration de la part de nombreux disciples et amis qui lui restèrent fidèles au-delà de la tombe. Près de quarante ans après sa mort, on perçoit chez eux une telle vénération à son endroit que le magnétisme qu'il exerçait alors semble les posséder encore. Cependant, il faut bien se rendre à l'évidence: le frère a connu d'amères déceptions. Cet extrait d'un ouvrage de W. S. Maugham, *The Moon and Six Pence,* consigné dans son journal intime, est très révélateur:

> We seek pitifully to convey to others the treasures of our hearts, but they have not the power to accept them, and so, we go lonely, side by side, but not together, unable to know our fellows and unknown by them.[9]

De même, le désenchantement perce à travers cette réflexion mi-sérieuse, mi-enjouée que nous révèle encore une fois son journal: «On gagne si peu à connaître les hommes! Il faut presque fermer les yeux pour en estimer quelques-uns! Quand on se replie sur soi, c'est pire encore! Je blague...» (1911)[9]

Un ami est un trésor inestimable, dit le Sage. À vingt-quatre ans, à cet âge où l'on ne sait pas toujours discerner les vrais amis, le frère, plus éclairé sans doute, confie: «Ces amis-là à qui on dit tout excepté ce qu'on dit à tout le monde, sont bien rares.» (1909)[9]

La littérature nous en fournit bien des exemples. Le coeur de l'homme demeure donc éternellement le même, mais chacun doit faire ses propres expériences. Les quelques échecs rencontrés sur ce plan ne découragent pas Marie-Victorin: il reconnaît, avec cette simplicité que l'on rencontre chez les grands, en même temps que ses limites, sa grande bonne volonté et son immense capacité d'aimer, de même que son désir de voir tout le monde heureux un peu grâce à lui.

Cette noble ambition se réalise dans une large mesure. Les privilégiés que le destin place sur sa route et qui savent répondre à son amitié peuvent sans doute en apprécier la fidélité. Nombreux sont ceux qui se réclament de l'amitié du Frère Marie-Victorin. L'admiration qui illumine le regard et réchauffe la voix se vérifie dans tous les témoignages. Elle est inconditionnelle et sans restrictions chez tous, et le temps, qui efface bien des choses, n'a pu en diminuer la ferveur. Le frère a donc le bonheur de se sentir non seulement estimé mais «révéré», le terme le plus juste, selon Jules Brunel. Plusieurs le considèrent comme leur meilleur ami, un des rares, sinon le seul qui leur eût inspiré un tel sentiment. Parmi ceux-ci, ses préférences semblent aller à ses confrères en communauté qui reçoivent de sa part des marques d'attention parfois étonnantes, comme le rapporte Robert Rumilly:

> C'est toujours la compagnie des frères qu'il recherche dans ses voyages, c'est toujours dans leurs maisons qu'il descend. Au pied des Pyramides, (...en) 1929, il avait planté Lloyd éberlué, pour rejoindre un frère rencontré par hasard et non moins éberlué.[44]

Il recherche leur compagnie et, dans les moments les plus sombres, quand les soucis l'accaparent et les ennuis l'attristent, ils ont le don de le dérider. Il les aime depuis toujours, depuis cet âge où l'âme sensible de l'enfant sait déjà reconnaître le dévouement désintéressé. Il ne connaît qu'eux, les disciples de saint Jean-Baptiste de La Salle. On peut dire que, si l'âme du jeune Conrad Kirouac était une bonne terre, ils ont su y jeter la bonne semence et veiller soigneusement à sa croissance. D'année en année, les liens se tissent, de plus en plus forts, les affinités se manifestent de plus en plus profondes, l'idéal se précise, de plus en plus conforme à celui de ses maîtres. Le Frère Neil aura la joie de cueillir ce beau fruit et de le porter au Seigneur. Le jour vient donc où, quittant tout — famille aimante, biens matériels assurés, avenir plein de promesses — Conrad Kirouac s'engage dans la voie tracée par le grand apôtre de la jeunesse et suivie par de nombreux disciples. Les frères constituent sa nouvelle famille, il s'y attache et leur sera fidèle jusqu'à la mort. Parmi ces frères qui l'ont fait, un peu et même beaucoup, tel qu'il est, le Frère Neil conserve une place de choix dans son souvenir: «Le souvenir, l'exemple du Frère

Neil me pousse en avant et ranime mon zèle que ma négligence menace souvent d'éteindre.» (1903)[9]

Le Frère Neil continue de le suivre: il sera là pour l'encourager à monter la pièce *Charles Lemoyne* que Marie-Victorin a composée. Cet ami sera là aussi pour partager sa joie lorsqu'il prononcera ses voeux perpétuels.

Durant le long voyage de 1929, le Frère Marie-Victorin fait mentir le dicton «Loin des yeux, loin du coeur», en se rappelant maintes fois au souvenir de ses frères en communauté:

> J'espère que mes confrères ne m'oublient pas. (4 juin)

> Ces aimables confrères dont on ne peut manquer de sentir l'absence. (11 juin)

> Je pense souvent à Longueuil lorsque je suis seul et je vous vois tous à la maison de campagne. (30 juin)

> Faites-vous mon interprète auprès de la communauté pour leur dire combien ils me sont chers. (9 juillet)

Il en sera ainsi chaque fois que les circonstances l'éloigneront d'eux: «De bonnes choses et de chaudes amitiés à la famille de la rue Côté et à celle du Mont-de-La-Salle.» (23 mars 1941)

Dans ses lettres à sa communauté, Marie-Victorin a une mention spéciale pour chacun de ses confrères, mais un nom revient plus souvent, c'est celui du Frère Vincent, dont il dit entre autres choses: «comme je voudrais l'avoir près de moi pour me parler des beautés de la nature et de la surnature!»[45]

Qui peut se vanter d'avoir toujours été compris? Le Frère Marie-Victorin n'est pas une exception. Certains témoignages rapportent que trois de ses supérieurs lui créèrent des difficultés. En général cependant, ses relations avec eux sont heureuses. Le premier dont il fait mention dans ses écrits est le Frère Palasis, directeur du Collège de Saint-Jérôme à qui on a annoncé sa venue en ces termes: «Un sujet de talent. Mais ne le placez pas trop haut.» Le Frère Palasis n'a qu'à se féliciter de ce «sujet de talent», s'attache à lui comme en témoigne l'extrait suivant du Journal, et sait le défendre au chapitre provincial de 1913:

> Le cher Frère Directeur avait su gagner mon coeur en me prodiguant le sien. (1903)[9]

> (...) et le coeur de Jésus sera le trait d'union de notre amitié. (1903)[9]

Les lettres de Marie-Victorin à ses directeurs à l'occasion de ses voyages ou de ses séjours à Cuba témoignent toutes de sa profonde estime, voire de son attachement. De même sa reconnaissance s'y exprime à l'égard des frères visiteurs qui lui accordent les autorisations nécessaires. Par ailleurs, le jugement de ses supérieurs lui est particulièrement favorable dans une circonstance dont certains confrères à l'esprit étroit veulent profiter pour le discréditer à leurs yeux. Il s'en ouvre à son ami Rolland-Germain:

> Au cours de cet hiver, j'ai été fortement éprouvé moralement du fait qu'en certains quartiers on a tenté un effort suprême pour me jeter par-dessus bord. Mais grâce au bon sens du Frère Directeur et à l'impartialité du Frère Visiteur j'ai été complètement justifié et je suis maintenant beaucoup plus à l'aise qu'autrefois pour faire ce que je crois être le bien. (...) Figurez-vous que ma petite bêtise intitulée *La Conspiration des jeunes* a été envoyée aux Supérieurs dans le dessein évident de me nuire. Le Frère Sigebert et le Frère Mandellus se sont contentés de rire aux dépens de l'anonyme imbécile.[46]

Le religieux qui reçoit cette confidence semble être celui qui, de tous ses confrères, mérite le plus justement et à plusieurs égards le titre d'ami. Quand Marie-Victorin arrive à Longueuil, en 1905, il fait la connaissance du Frère Rolland-Germain, Bourguignon érudit en sciences qui «excelle dans la nomenclature des plantes». Marie-Victorin vient à peine de quitter Saint-Jérôme; son attrait pour la botanique s'y est intensifié, mais ses connaissances sont encore très limitées. Rolland-Germain sera un initiateur incomparable, et la botanique, à l'origine de cette belle et longue amitié de quarante ans. Ils herborisent ensemble jusqu'en 1914. À ce moment-là, Rolland-Germain reçoit une obédience pour Ottawa où il demeurera jusqu'en 1927. C'est alors le début, entre les deux amis, d'une correspondance qui nous révèle la nature des liens que des années de vie commune et de collaboration ont forgés entre eux:

> Mon cher Rolland, je pense bien souvent à vous (...).
> La vie est un vent impitoyable qui nous souffle aux quatre coins du monde sans égard pour ces liens ténus et invisibles qui sont ceux du coeur.[47]

Cette collaboration étroite qui lui a permis de mettre sur pied bien des oeuvres, Marie-Victorin en mesure et en souligne l'importance:

> Je n'oublierai jamais les services inappréciables que vous m'avez rendus à moi personnellement et à mes oeuvres chéries. Je reconnais bien ouvertement que jamais je n'aurais pu réussir à mettre le Cercle des Anciens sur le pied où il est sans votre secours de tous les instants. Je vous dois entre autres choses une grande part du succès de *Charles Le Moyne* et je ne puis passer la salle des petits sans penser à vous.[48]

Rolland-Germain a assumé en quelque sorte le rôle «d'ange gardien» auprès de lui et Marie-Victorin lui demande de continuer cette «tâche ingrate», selon sa propre expression, d'une manière que la distance permet encore:

> Sanctifiez-vous et écrivez-moi de temps en temps.[49]

> Écrivez-moi longuement si vous en avez le courage et ne m'oubliez pas dans vos prières.[50]

Mais la tâche d'éducateur est envahissante et ne laisse pas toujours le temps nécessaire pour assurer de part et d'autre une correspondance régulière:

> Je pense à vous plus souvent que je ne vous écris, veuillez me croire. Cependant vos lettres me sont toujours un vrai régal et quand j'en trouve une dans

mon courrier elle passe en... dernier lieu. Si vous êtes, comme je le crois, un bon psychologue, vous comprendrez et vous admirerez.[51]

Je m'étonne de votre long silence.[52]

Cette correspondance est avant tout d'ordre scientifique. Marie-Victorin propose à son collaborateur et ami de faire des recherches dans tel ou tel groupe de plantes, les Graminées par exemple. Le résultat est ensuite vérifié auprès d'un savant botaniste de Boston, le professeur M. L. Fernald, puis acheminé vers un des nombreux correspondants étrangers avec lesquels Marie-Victorin échange des spécimens. Si bien que le moindre retard peut avoir des conséquences fâcheuses; d'où l'insistance du frère: «J'attends toujours une réponse à mes diverses lettres où je vous posais des questions dont la réponse m'importe.»[53]

La période des vacances devrait permettre aux deux amis d'entreprendre des voyages d'herborisation et de préparer ainsi une autre année d'échanges fructueux. Mais il faut ménager l'opinion. Pour son voyage à Anticosti en 1917, Marie-Victorin a donc un autre compagnon. Il n'en oublie pas pour autant son collaborateur le plus apprécié: «J'ai dit bien des fois au Frère Léo, mon compagnon de voyage: 'comme Rolland jouirait ici.'»[54]

Cependant, le frère réussit plus d'une fois à obtenir d'avoir auprès de lui l'irremplaçable Rolland-Germain; il organise tout, jusqu'au contenu des bagages:

Graissez vos bottes de sept lieues. Nous nous embarquons le 11 juillet pour Sainte-Anne-des-Monts et Gaspé. Nous faisons la retraite à Québec et tous nos préparatifs doivent être terminés quand elle commencera car nous devons quitter 'l'Académie' avant la fin du dernier jour. (...) Il se peut que nous poussions jusqu'au mont Albert.[55]

Je vous annonce une bonne nouvelle. Nous partirons ensemble bientôt pour la Côte Nord.[56]

Le voyage se fera en costume religieux avec pardessus et chapeau mou, mais pour la mer, il faut prévoir un pantalon, des bottes et un bon tricot:

> «s'il vous manque quelque chose en fait d'habits, dites-le moi.»[57]

La collaboration du Frère Rolland-Germain s'étend au-delà des champs et des forêts, des montagnes et des îles. Marie-Victorin compte sur le réconfort et les conseils de son ami qui le connaît si bien:

> Je me recommande à vos bonnes prières (...) vous savez que je suis sincère dans mon désir de faire le bien, mais vous savez mieux que personne ce qui me manque, ayant vécu à mes côtés si longtemps.[58]

Les excursions ont un triple avantage pour les deux amis; elles leur permettent d'herboriser, ce qui est leur premier but, mais également de se «reposer en (se) livrant à (cette) occupation favorite» et de «causer de nombreux sujets». «Nous en aurons long à dévider, si nous nous rencontrons aux vacances.»[59]

Quand Marie-Victorin rencontre des difficultés sur le plan personnel et sur le plan apostolique, c'est à Rolland-Germain qu'il se confie:

> Priez pour moi qui connais dans ma trentaine des épreuves bien pénibles et d'un caractère tout intérieur. Si nous nous rencontrons cet été, ce que j'ose croire, je vous raconterai tout cela.[60]

> Bonne nouvelle à vous apprendre: le retour au bien de notre ami G.H. que cet infâme A. avait débauché. (...) Je vous raconterai cette histoire en détail plus tard. G. ira en retraite fermée cette semaine et j'espère que ce sera une nouvelle vie qui commencera.[61]

Le partage des peines et des inquiétudes, mais également celui des joies et des consolations permet à l'amitié d'atténuer les premières et d'intensifier les secondes:

Parmi les félicitations qui m'arrivent ces jours-ci d'un peu partout il n'en est pas qui me soient aussi précieuses que les vôtres, mon cher vieil ami, qui avez été partout mon très précieux collaborateur et très sage conseiller. Si c'est moi qui suis couronné, c'est que les circonstances m'ont favorisé mais une très large part du mérite de mon travail vous revient très sûrement.[62]

L'amitié naît souvent de certaines affinités. Les deux religieux ont bien des traits en commun: ils sont malades tous les deux, «deux éclopés», dit Marie-Victorin; ils partagent le même attrait pour la botanique: «nous sommes toujours les deux grandes 'vernailles' de l'Institut», aime-t-il aussi répéter; enfin, ils poursuivent un même idéal spirituel et l'échange se fait à ce niveau aussi; c'est la communion des saints sur une petite échelle:

Frère Rolland, mon ami des bons et des mauvais jours. Que Dieu sanctifie encore son âme si droite et si douée, cela me profitera sans doute aussi![9]

Je vous laisse mon cher Rolland, en vous donnant rendez-vous aux pieds de l'Unique Ami, de Celui qui est le lien exquis des vraies amitiés.[63]

D'après Robert Rumilly, le Frère Alexandre Blouin fut un intime de Marie-Victorin presque à l'égal du Frère Rolland-Germain. Il fait la connaissance du frère en 1913, au Mont-de-La Salle; dès lors il commence à illustrer certains de ses articles, d'abord avec le Frère Réole, puis, de plus en plus, se substitue à lui. Son enseignement au Mont-Saint-Louis et plus tard à l'Institut pédagogique Saint-Georges, affilié à l'Université, l'empêche d'accompagner Marie-Victorin dans ses excursions autrement que dans ses temps libres, quand il n'est pas occupé à la *Flore*. Ses illustrations lui demandent environ 2 000 heures de travail dans l'espace de cinq ou six ans. Il passe à peu près tout ce temps aux côtés de Marie-Victorin, à la même table, tous les deux penchés avec amour sur les plantes de notre beau pays, pour en découvrir, à la loupe souvent, les merveilles cachées, et cela, parfois jusqu'à minuit. Ami et associé du Frère Marie-Victorin, le Frère Alexandre, de son propre aveu, ne reçut jamais ses confidences, comme ce fut le cas pour Rolland-Germain.

Parmi ces autres amis auxquels Marie-Victorin se tourne pour être réconforté quand il se sent accablé, Robert Rumilly mentionne: le Frère Robert, savant et astronome, ami d'enfance et compagnon à sa profession perpétuelle, le Frère Cyrille, le Frère Dominique et le Frère Jules. Ce dernier, en plus de le suivre dans ses excursions et de s'y occuper de son linge, le soigne à Longueuil, comme le Frère Claude le fait avec tant de sollicitude au Mont-de-La-Salle. Tous ces confrères, de même que le Frère Narcisse-Denis, chroniqueur bénévole attitré des Cercles de jeunes naturalistes dans *Le Devoir* «se jetteraient au feu pour le confrère qu'ils admirent, aiment et suivent», ainsi que le rapporte Robert Rumilly.

Le Frère Michel (Louis-Phillipe Audet), qui a parcouru une partie de la France avec Marie-Victorin et le Frère Dominique après le chapitre de 1934 et assumé la chronique des C.J.N. dans *L'Action catholique* de Québec, publie en 1942 un ouvrage important sur le Frère Marie-Victorin et ses idées pédagogiques. Ses sentiments à l'endroit de cet «homme attachant» qu'est, à ses yeux, le Frère Marie-Victorin, se lisent en filigrane tout au long de l'ouvrage. Ils se trouvent résumés dans les premières lignes de l'avant-propos:

> Ce livre veut être un témoignage d'admiration et de profonde gratitude envers le Frère Marie-Victorin, notre maître à tous (...). Grâce à lui, les hommes de demain auront appris à regarder avec amour le beau visage de la nature laurentienne et à puiser dans cette étude des leçons de sagesse, d'équilibre et de beauté.[64]

Les voyages du Frère Marie-Victorin à Cuba le mettent en relation avec des confrères qui sont devenus de fidèles collaborateurs et des amis très chers. Le Frère Léon, qui n'a pu résister à cette fascination qu'exerce Marie-Victorin, l'accompagne dans toutes ses herborisations, comme Rolland-Germain au Canada, et échange des spécimens avec lui.

L'amitié qui lie le Frère Marie-Victorin au Frère Clément, pour qui la botanique n'est qu'un loisir, est telle que, ne pouvant le voir une dernière fois avant son départ de Cuba en 1944, il lui écrit ces mots touchants:

> Mon cher Clément, combien j'aurais aimé passer cette dernière semaine avec vous! Vous avez été si bon pour moi durant ces cinq années où vous m'avez honoré de votre amitié que ce n'est pas sans émotion que je pense que je vais quitter Cuba, probablement pour toujours, sans vous revoir. Je me console en pensant que vous restez mon ami et que nous resterons unis par une correspondance qui sera très douce et très profitable. (...) Je reçois ce matin, mon dernier jour à Cuba, votre télégramme de Bon Voyage. Cette démarche si spontanée me va au coeur, car elle m'atteint dans un moment où j'éprouve une de ces tristesses irraisonnées que vous devez connaître. Adieu, mon cher Clément! De loin comme de près nous serons amis. Priez Dieu pour moi, comme je le supplie de vous rendre la vie tolérable en multipliant le courage et les pauvres petites joies.[65]

Marie-Victorin a également le bonheur de connaître un célèbre spécialiste de la botanique espagnole, le Frère Sennen, avec lequel il herborise en Catalogne, en 1934. Des échanges suivent, ainsi qu'une correspondance dont l'extrait suivant déborde un peu le cadre purement scientifique:

> Ce m'a été un vrai plaisir de vous lire et de revivre par la pensée les bons jours passés ensemble à Bonanova. (...) Priez un peu pour votre jeune disciple qui professe pour vous la plus vive affection et la plus grande admiration.[66]

Les activités de Marie-Victorin le mettent en contact avec des religieux et des religieuses de plusieurs communautés. Dans bien des cas, les relations ne s'arrêtent pas à une première rencontre mais, entretenues par la réciprocité des sentiments, elles se poursuivent des années durant. Ainsi en est-il du Père Léo Morin, C.S.C., attiré par le rayonnement de Marie-Victorin qui lui obtient une bourse d'études du Service des Mines, et du Frère Irénée-Marie, F.I.C., qui passe de l'étude de la philosophie à celle de la botanique. Des femmes à la personnalité riche qui ont marqué le monde de l'éducation et leur propre communauté collaborent avec le Frère Marie-Victorin: Mère Sainte-Anne-Marie et Mère Sainte-Alphonsine, de la Congrégation de Notre-Dame, et Mère Marie-Élise, de la Congrégation des Soeurs de Sainte-Anne.

Il est deux religieux cependant dont l'amitié très forte pendant un certain temps connaît assez tôt un fléchissement pour ne pas dire une brisure déplorable. Le Frère Adrien, C.S.C., Français de naissance, en voyage de repos aux îles de la Madeleine en 1919, y rencontre Marie-Victorin et Rolland-Germain. Cinq ans plus tard, il s'inscrit aux cours du frère. Enthousiasmé pour la botanique et influencé par les idées pédagogiques de son professeur, il fonde deux cercles de jeunes naturalistes à l'école Beaudet. Désireux d'intéresser un plus grand nombre de jeunes à la nature, il soumet à la Société canadienne d'histoire naturelle, en 1931, l'idée de fonder des Cercles de jeunes naturalistes dans les maisons d'enseignement. Marie-Victorin donne son approbation. Suit une tournée de propagande et de fondations à travers le Québec et le Nouveau-Brunswick. Ne pouvant suffire à la tâche, il doit compter sur la collaboration de l'équipe de Marie-Victorin. Ce dernier n'est pas le seul à déplorer chez le Frère Adrien un manque d'aptitudes administratives. De plus, Jacques Rousseau lui reproche de ne pas assez faire connaître la S.C.H.N., alors que pour le Frère Adrien, la Société oublie trop souvent qu'il est le fondateur des C.J.N. Ces façons de voir entraînent des indélicatesses et des froissements de part et d'autre.

En 1927, le Père Louis-Marie, trappiste, professeur à l'École d'Agriculture d'Oka, suit les cours de botanique du Frère Marie-Victorin. Ce dernier, qui voit en lui un brillant élève, obtient de l'abbé d'amener le jeune père dans son expédition en Minganie. Autre expression de son estime et de sa confiance: n'ayant pas eu l'autorisation de se rendre au Congrès de Cambridge, en 1930, le frère s'y fait remplacer par le Père Louis-Marie. L'année suivante, ce dernier publie une *Flore-Manuel de la Province de Québec*, à partir de son expérience personnelle certes, mais aussi des recherches des membres de l'Institut botanique, alors que ceux-ci travaillent à la *Flore laurentienne* depuis des années en vue d'une publication.

Déjà en 1916, Marie-Victorin écrivait à Rolland-Germain:

> Il faudra bûcher encore les Carex et les Graminées. Ce sera un gros morceau quand nous ferons notre *Flore*.[67]

> J'échange tant que je puis pour mettre mon herbier en forme pour le travail de la *Flore*.[68]

C'est, en quelque sorte, leur couper l'herbe sous le pied. Le pardon viendra difficilement. Le professeur Fernald de Boston, ami et du Père Louis-Marie et du Frère Marie-Victorin les exhorte à se réconcilier. Il écrit à Marie-Victorin en 1938:

> Occasionally, reverberations come to me indicating there is still some friction between you and Father Louis-Marie. (...) I am hoping that you, as the older and vastly more distinguished, will be ready to take the initiative in completely burying the hatchet.[69]

Par la suite, le frère recevra le Père Louis-Marie dans son bureau.

De grandes et durables amitiés se nouent entre le savant professeur et ses élèves. La plus célèbre est sans conteste celle qu'il connaît avec Camillien Houde. Membre actif du Cercle La Salle et plus tard du Cercle des Anciens, Camillien Houde, passionné d'art dramatique, interprète plusieurs rôles importants dans les pièces mises en scène par Marie-Victorin; il est de plus le bras droit du frère dans l'organisation des retraites fermées. Dans son programme électoral, aux élections à la mairie de Montréal en 1930, figure en bonne place le projet du Jardin botanique auquel il continuera de s'intéresser jusqu'à sa phase finale. Dans le malheur, des lettres réconfortantes de Marie-Victorin le rejoignent jusqu'au camp de concentration où il est envoyé en 1941, pour s'être opposé à la conscription:

Je ne vous ai jamais oublié, (...) j'ai pris une large part à votre souffrance; (...) pour moi vous êtes toujours le Camillien de ma jeunesse et de la vôtre (...) qui a fait beaucoup pour doter la ville de ce qui est aujourd'hui son orgueil: le Jardin botanique (...). Très cher ami, courage et encore courage (...). J'anticipe de vous recevoir un jour dans mon bureau.[70]

Marie-Victorin a l'art de s'attacher les personnes qu'il rencontre, ne fût-ce que dans un temps très court. Ainsi, lors de son voyage à Capetown, en 1929, sa rencontre avec l'abbé Henri Breuil, archéologue et paléontologiste, dont il a adopté depuis 1921, les théories sur l'évolution, est désirée depuis longtemps:

Sur le bateau où je suis, en route pour le Cap, j'ai trouvé bien agréable compagnie (...) surtout le célèbre abbé Breuil, grand savant français, créateur de la préhistoire et qui est l'invité, au Congrès, du gouvernement sud-africain. C'est un homme extrêmement instruit, extrêmement large d'idées (précisément parce qu'il est instruit); je cause avec lui de longues heures chaque jour et j'éprouve un orgueil excusable à me trouver si parfaitement en communion d'idées avec lui.[71]

Mais on ne saurait nier que des années de relations suivies et d'échanges contribuent à développer et à approfondir les sentiments. Tel est le cas entre autres de l'amitié du Frère Marie-Victorin avec les professeurs Fernald et Lloyd. Merritt Lyndon Fernald est professeur à Harvard quand Marie-Victorin lui écrit pour la première fois, en janvier 1913. Si le professeur ne lui écrit pas, il s'en excuse, étant «crowded as usual». Ce qui rapproche les deux hommes, c'est évidemment la botanique, et leur correspondance consiste principalement en un échange d'informations. Combien de fois Marie-Victorin envoie-t-il à Cambridge des spécimens dont il désire faire vérifier l'identification! Les questions ne sont pas banales et requièrent souvent une étude très poussée: «Your problem on *Prunus*, which came in just before Christmas, is rather more than I can solve until I get an intensive study of the genus.»[72]

Fernald, à son tour, profitera des recherches du frère et exprimera tout l'intérêt qu'il y prend:

> Just a word to thank you heartily for your most interesting book on Cuban vegetation. It is very attractive and I am naturally delighted to have it.[73]

> Thank you very much for your study of *Vallisneria* and for the assurance that a cotype will reach us.[74]

Il sera d'ailleurs le premier à recevoir un exemplaire de la *Flore laurentienne* à laquelle il aura collaboré d'une certaine manière. La critique que Fernald fait de cet ouvrage porte sur des questions de détails. Marie-Victorin lui-même reconnaît d'ailleurs les lacunes de son ouvrage et il déplore de n'avoir pu trouver la solution à tous les problèmes avant l'impression, mais il se dit qu'après tout, «an imperfect book is better than nothing».

L'amitié des deux hommes paraît cependant menacée à un moment. Marie-Victorin s'en inquiète vivement dans un télégramme:

> Rumor circulated here that you are to unite with Louis Lalonde (Père Louis-Marie) to attack my work and Dept. Botany Univ. Mtl. Rumor very prejudicial to me. Can hardly believe. Old friendship aching. If all this humbug please wire collect immediately.[75]

Fernald se hâte de rassurer le frère, disant qu'il n'a pas le temps de s'arrêter à de telles mesquineries. Les deux amis ne se contentent pas de s'écrire. Marie-Victorin se rend presque tous les ans à Boston; quand il y manque, Fernald s'en étonne: «We were sorry not to see you in the winter when we were looking forward to the annual visit.»[76]

Le frère envoie des jeunes gens parfaire leurs connaissances auprès de Fernald et leur envie cette chance: «Father Louis is a lucky man to be able to spend a year in the quiet retirement of the Gray Herbarium and be your student for all that time. This, I fear, I shall never be able to do.»[77]

Mais il sera invité par Fernald à diverses reprises pour donner des cours à cette même université sur les problèmes de floristique et de phytogéographie canadiennes. Quand Fernald viendra à Montréal en 1930, Marie-Victorin lui fera les honneurs de la ville. Il sera invité en 1938 par l'Acfas pour donner une série de conférences et recevra à cette occasion un doctorat ès sciences *honoris causa* de l'Université de Montréal. Il en exprimera sa joie et sa reconnaissance: «My visit at Montreal was a very happy one and I greatly appreciate all the kindnesses and courtesies shown me by you and your colleagues.»[78]

Les deux hommes souffrent de troubles cardiaques et ne manquent pas de sympathiser ainsi qu'en font foi ces extraits de lettres de Fernald:

> I am grieved to learn that your heart is giving you trouble again.[79]

> Thank you for your pleasant greeting from the Gaspé coast. (...) Just at present I am at home recovering from a heart attack. (...) I am glad to assume that you are quite well again.[80]

Tout en reconnaissant avec lui la dette de Marie-Victorin envers le professeur Fernald, Pierre Dansereau établit sa juste et originale contribution à la science:

> Brother Marie-Victorin has repeatedly acknowledged his indebtedness to Professor M. L. Fernald. Indeed anyone at all familiar with his work can detect the unmistakable stamp of the great Harvard botanist, whose influence in America is so deservedly far-reaching. The procedure in Victorin's taxonomic monographs, his very concept of species and many of his geobotanical theories are in full accord with Fernald's. However, his early interest in genetics, his experience with African and European floras and, above all, his very keen personal sense of ob-

servation and peculiar feeling for analogies enabled him to develop an original point of view on botanical problems.[81]

L'admiration réciproque que se vouent ces deux hommes, nous la retrouvons, à la même époque, dans l'amitié qui lie Marie-Victorin et le professeur Francis E. Lloyd de l'Université McGill, «Gallois pittoresque, plein d'humour, conférencier très goûté», ainsi que le décrit Robert Rumilly. Leur première rencontre date de 1912, mais ce qui les rapproche le plus, c'est ce voyage qu'ils font ensemble en 1929, de juillet à novembre, à l'occasion du Congrès à Capetown. Ils iront également en Californie en 1938. Les beaux souvenirs qu'ils aimeront éveiller à l'occasion! Ils partageront leurs connaissances, mais aussi leurs joies et leurs difficultés. Lloyd sera de la fête à l'Hôtel Viger en 1935, après la publication de la *Flore laurentienne*. Il invitera Marie-Victorin à travailler avec lui à McGill, quand les problèmes se multiplieront à l'Université de Montréal.

Mais le frère n'est pas homme à démissionner. C'est durant cette période de luttes que Louis Francoeur, directeur du *Journal* de Québec, le «portera aux nues», dans un article du 7 octobre 1932:

Cet homme qui n'ambitionna jamais les honneurs de pacotille voit la gloire venir à lui. Le modeste nom de religion qui recouvre son état civil sonne désormais comme familier à toutes les oreilles. On parle de lui, on écrit sur lui, on le proclame grand. Les sociétés savantes l'appellent, les nations étrangères le distinguent, les gens de son sang sont fiers de lui.

Cet admirateur de Marie-Victorin que fut Louis Francoeur sera toujours à ses côtés pour l'appuyer et le défendre dans les moments difficiles.

Un autre journaliste, Louis Dupire, d'un autre journal tout aussi important, *Le Devoir*, de Montréal, professe pour Marie-Victorin une admiration pour le moins aussi grande. Mais il est sur place et sa collaboration est toujours efficace.

Robert Rumilly le décrit comme un «précieux auxiliaire sur qui Marie-Victorin peut toujours compter.» Profondément engagé dans toutes les bonnes causes, il voit dans la création d'un Jardin botanique et dans la fondation des Cercles de jeunes naturalistes la solution au désoeuvrement de la jeunesse. Aussi encourage-t-il toutes les initiatives qui sont de nature à les promouvoir. À certains moments, il laisse la plume pour accompagner le frère auprès des représentants du gouvernement. Quand cet ami fidèle quittera subitement la terre en 1942, Marie-Victorin en sera fortement ébranlé.

Des collaborateurs de cette trempe sont assez rares. Mais Marie-Victorin a le bonheur d'en connaître d'autres, tous formés à son école, auxquels il rêve de laisser son oeuvre pour en poursuivre le double idéal spirituel et scientifique. Il ne manque pas de reconnaître leur valeur comme équipe, la plus belle équipe scientifique qu'il connaisse, et leur apport précieux à l'oeuvre commune. Plus qu'une équipe, ils sont devenus sa famille dont il endosse les responsabilités de «père spirituel»:

> De loin et particulièrement dans les églises, je penserai à vous tous qui êtes ma famille, et puisque je ne puis vous emmener tous avec moi, j'essayerai de vous ramener un homme renouvelé plus capable de vous aider et de vous défendre.[82]

Une telle sollicitude mérite d'être payée de retour; le frère, en effet, est toujours attendu avec impatience.

Le Frère Marie-Victorin a introduit la coutume d'une pause-café au milieu de l'avant-midi et de l'après-midi. Ces quelques minutes de détente sont bien appréciées de tous, surtout parce qu'elles assurent des échanges quotidiens avec le frère. En son absence, c'est ce moment qu'il choisit pour être rappelé à leur souvenir:

> Au café tout à l'heure dites bien à tous que si je ne regrette aucunement le froid et la neige, l'enveloppement de la chaude amitié des deux personnels de la rue Sherbrooke me manque beaucoup.[83]

Le témoignage de Jules Brunel, le premier disciple à collaborer avec Marie-Victorin, pourrait sans doute être repris par tous ceux qui, par la suite, choisirent de travailler sous la direction du frère:

> Un homme dont la seule présence est une inspiration et dont la façon de vivre est une admirable leçon aux jeunes gens qui passent à ses côtés au moment d'orienter leur vie.[84]

De même, cet avertissement adressé à Jules Brunel, alors que tout était à faire, chacun des collaborateurs du frère aurait pu l'entendre: «Nous aurons quelques sacrifices à faire vous et moi, mais nous ne bouderons pas la besogne et nous vivrons un peu pour les autres.»

Trois jeunes gens, Roger Gauthier, Marcel Cailloux et René Meilleur, accompagnent Marie-Victorin en voyage, durant les jours saints de l'année 1937. Le fin psychologue qu'est le frère découvre en eux certaines des richesses que la nature y a déposées et qu'il compte bien les aider à développer: la gaieté et l'ardeur de Roger, le jugement sûr de Marcel, ainsi que le sérieux et la soif de connaître de René.

À cette époque, Marie-Victorin a réuni autour de lui les principaux membres de cette équipe dynamique et dévouée qui lui survécut pour continuer son oeuvre exactement comme il l'avait rêvée, sur cette lancée qu'il lui avait imprimée. Imaginer ce que furent les relations privilégiées de chacun avec le grand homme serait sans doute intéressant, mais sortirait de la méthode utilisée jusqu'à maintenant qui s'appuie sur des documents écrits et des témoignages. Tous sont concordants: Marie-Victorin avait un don de discernement peu commun. Pour découvrir ainsi en chacun ses qualités propres, son talent particulier, ce qui le caractérisait enfin, il devait poser sur lui le regard attentif de celui qui aime, capable de saisir toutes les nuances. Chacun de ses disciples reçut donc de lui les marques d'une amitié très personnelle que le coeur devait enregistrer bien fidèlement.

Nommer ici ces hommes, c'est trop peu, mais c'est au

moins reconnaître leur valeur aux yeux de celui qui les avait choisis pour partager son rêve et ses travaux:

- Jules Brunel, orphelin qui trouva un père en Marie-Victorin et que Robert Rumilly qualifie avec raison de «sérieux, méthodique, minutieux», sorti du Collège de Longueuil pour passer au laboratoire de botanique de l'Université qu'il devait organiser lui-même; il devint sous-directeur de l'Institut botanique et collaborateur immédiat du frère.
- Émile Jacques, également du Collège de Longueuil qui se spécialisa dans l'étude des champignons et de la pathologie végétale.
- Jacques Rousseau, de Montmagny, déjà orienté vers les sciences par sa famille, mais attiré vers la botanique par le rayonnement du frère, devint sous-directeur du Jardin botanique et autre bras droit du frère.
- Marcel Raymond, botaniste en herbe chez les Frères Maristes de Saint-Jean, consulta le frère par lettre; hésitant entre la littérature et la botanique, il finit par choisir cette dernière tout en conservant un attrait pour la littérature qui le poussait, dans les voyages en auto, à citer par coeur des pages d'auteurs modernes, ce qui n'était pas pour déplaire à Marie-Victorin.
- Roger Gauthier, venu à la botanique en amateur, devint professeur de morphologie.
- Auray Blain, qui avait reçu une *Flore laurentienne* comme prix pour s'être classé premier en sciences naturelles, à Longueuil, devint adjoint de Pierre Dansereau. Il aimait accompagner le frère, de Maisonneuve à Laval-des-Rapides pour jouir de sa conversation.
- Pierre Dansereau, «fasciné par la personnalité du frère» qui, selon ses propres termes, «donnait de la fierté» et l'avait «lancé dans un travail», poursuivit ses études en Europe et fonda le cours de biogéographie, à l'Université de Montréal.
- Ernest Rouleau, finissant du Mont-Saint-Louis, et plus tard conservateur de l'Herbier.
- Autre finissant au Mont-Saint-Louis, Marcel Cailloux, hésitant entre le génie ou la biologie et la botanique, choisit cette dernière; il inventera un micro-manipulateur qui porte son nom.

- James Kucyniak, de Lachine; avec Marcel Raymond, il dirigea la section de taxonomie du Jardin botanique; il agrémentait les voyages en auto par le chant de mélodies slaves.
- Lucien Charbonneau, de Longueuil, technicien à l'Institut botanique et chauffeur attitré de Marie-Victorin.
- Enfin, André Champagne, encore élève de Marie-Victorin en 1944, était en même temps démonstrateur en botanique pharmaceutique.

Henry Teuscher, Américain d'origine allemande, était déjà architecte-paysagiste et botaniste au Jardin botanique de New York quand Marie-Victorin l'engagea pour dessiner et faire exécuter les plans du Jardin botanique de Montréal. Sa correspondance révèle sa profonde admiration pour Marie-Victorin et son désir entretenu pendant des années de créer un Jardin botanique. Dès le début de leur correspondance, avant même d'être engagé pour travailler au Jardin de Montréal, Teuscher lui écrit: «I really value your friendship higher than I can say.»[85]

Et ce sentiment est aussi fort, après trois années de collaboration sur les lieux: «I shall never do anything whatsoever to make myself unworthy of your trust which I value above enverything in my life.»[86]

Le voeu de Marie-Victorin en faveur de ceux-là qui ont choisi de le suivre, il le formule en ces termes, au début de l'année 1937:

> À mesure que nous vieillissons, nous comprenons mieux que la beauté de la vie ne réside pas surtout dans la beauté d'une action qui ne peut être après tout que passagère, mais dans la beauté morale, fruit d'un perfectionnement de tous les jours et de toutes les heures. C'est ce que je demande pour nous tous au Maître des intelligences et de la vie pour 1937. Que nous grandissions à nos propres yeux, pour que nous ayons plus de force pour faire grandir les oeuvres qui sont nos filles.[87]

Tous ces hommes, amis en même temps que collaborateurs du Frère Marie-Victorin, étaient «prêts à le suivre au bout du monde.» Mais ils pouvaient tout aussi bien et par fidélité demeurer au Jardin et à l'Institut pour lui permettre de poursuivre ses recherches ailleurs ou de faire profiter les autres de ses connaissances ou, encore, de partir tous les ans refaire sa santé dans les pays chauds.

Parmi les collaborateurs du frère, une jeune femme occupa une place privilégiée, tout près du Christ, dans le coeur du religieux; l'amitié de Marcelle Gauvreau pour le frère le plaçait également au-dessus de tous. Fille du docteur Joseph Gauvreau, Marcelle est étudiante en philosophie quand elle s'inscrit à l'Institut botanique. Son père est un des bons amis du Frère Marie-Victorin.

En 1935, Marcelle confie au frère son désir de fonder une école d'initiation à l'Histoire naturelle pour les enfants de quatre à sept ans. Il l'encourage et lui propose de l'appeler l'Éveil. Située à l'hôtel Pennsylvania durant les premières années, cette école sera transférée au Jardin botanique en 1939. Marie-Victorin l'encourage et l'exhorte à «mettre une idée supérieure» dans son école:

> En parlant aux enfants de toutes les choses nouvelles qui exaltent leur imagination, montrez-leur le bien, le beau, pour qu'ils voient se constituter, sur le beau ciel de leur petite âme, la grande image de Dieu.[88]

Leurs affinités sont d'abord d'ordre spirituel et le frère ne tarit pas de reconnaissance envers Dieu qui a mis sur son chemin cette femme qui l'a si bien compris.

En dehors du cénacle de l'Institut et du Jardin botanique, mais à l'intérieur de cette même Université de Montréal, Marie-Victorin connaît des hommes de valeur, des collègues avec lesquels il se sent en harmonie. Il y a entre autres, Léo Pariseau, radiologiste à l'Hôtel-Dieu et professeur à la Faculté de médecine. Robert Rumilly nous fait connaître ses affinités avec Marie-Victorin: il a l'académisme en horreur, il est animé de la même préoccupation nationale et souhaite le progrès des connaissances scientifiques pour l'affranchissement des Canadiens français; enfin il partage l'intention de Marie-

Victorin d'intéresser les littéraires aux sciences pour former des hommes complets. Avec lui, il sonne le réveil des sciences au Canada-français.[89]

Mais c'est également à l'Université que le frère connaît une grande déception. En 1920, lors de la création de la Faculté des sciences, le docteur Ernest Gendreau fait venir de France un licencié pour la chaire de biologie; c'est Louis-Janvier Dalbis. Au début, Marie-Victorin et Dalbis s'entendent très bien. Assez tôt cependant leurs méthodes pédagogiques différentes les opposent. Marie-Victorin qui lutte pour instaurer un enseignement supérieur reproche à Dalbis de maintenir le sien au niveau secondaire. Quand Dalbis fonde l'Institut scientifique franco-canadien, essayant de détourner les subventions destinées à l'Acfas au profit de son institut, une lutte âpre s'engage entre les deux hommes.

Édouard Montpetit, secrétaire général de l'Université de Montréal depuis 1920, qui admire Marie-Victorin pour ses qualités de professeur et pour son caractère franc, essaie de les réconcilier. L'exposition des C.J.N. au Mont-Saint-Louis en 1933 est l'occasion pour lui de dire tout haut de Marie-Victorin ce qu'il en pense tout bas:

> Il a considéré l'ensemble de la population. Il lui a jeté autre chose qu'un simple mot de savant, il lui a jeté aussi un mot de poésie, de beauté (...). De la nature de son pays, il est allé à l'homme et il a conduit l'homme de son pays même jusqu'à Dieu.[90]

Il fait pareillement l'éloge de Dalbis, dans un article du *Devoir*, le 7 octobre 1936, en réponse à Marie-Victorin qui accusait ce dernier «d'intrusion de l'étranger dans nos affaires nationales», le 24 septembre dans le même journal:

> Dalbis a été chez nous un animateur, un éveilleur et par-dessus tout un merveilleux vulgarisateur. Il a aimé le Canada-français, il l'a expliqué, défendu, exalté. Nous avons besoin de la science française, des méthodes françaises. Si j'étais pour quelque chose dans le gouvernement, loin de détruire l'Insti-

tut au profit de l'Acfas, je fortifierais les deux oeuvres.

Malgré ce témoignage encourageant, Dalbis remet sa démission de la chaire de biologie, en 1931, pour se consacrer à l'Institut scientifique franco-canadien. Marie-Victorin, accusé de francophobie, propose cependant un autre Français, Henri Prat, pour le remplacer.

Henri Prat, biologiste que le frère a rencontré à la Sorbonne en 1929, arrive en 1932 et occupera jusqu'en 1934 la chaire laissée vacante. Il est vite conquis par la personnalité du frère et admire ses vastes connaissances. Il salue en lui, d'après Robert Rumilly, «non seulement le plus grand botaniste du Canada, mais l'une des plus grandes figures de la science contemporaine».

Un autre collègue de l'Université qui a également connu Henri Prat à la Sorbonne et en a parlé au frère, Georges Préfontaine, partage la même admiration pour Marie-Victorin et cela, depuis 1919, alors qu'un de ses parents étudiait à Longueuil. Étudiant à Joliette, puis à l'Université, il s'oriente vers les sciences biologiques, après avoir terminé sa médecine. S'il suit également les cours de botanique, c'est avant tout à cause du professeur. Ami de Marie-Victorin, il lutte à ses côtés à l'Université et est son collaborateur à la S.C.H.N. et à l'École de la Route. Assistant de Dalbis, il succède à Henri Prat à la tête du département de biologie.

Cependant les idées et les initiatives de Marie-Victorin ne font pas l'unanimité à l'Université. Monseigneur Georges Gauthier, qui avait obtenu le consentement des F.E.C. pour sa nomination au département de botanique en 1920, commence à s'éloigner de lui quand il attaque les méthodes de Dalbis. Par la suite, il n'approuve pas, entre autres, le transfert de l'Institut au Jardin botanique et crée des difficultés au frère.

Ainsi en est-il de la plupart des grandes figures de l'Histoire. Cependant, les luttes de Marie-Victorin lui ont permis de reconnaître ses vrais amis et de constater qu'ils étaient encore plus nombreux que ses adversaires. L'appui et la collaboration de toutes ces personnes qui lui accordaient une confiance sans limites lui permirent, tout en cueillant les fleurs de quelques joies, de traverser de grandes épreuves et d'édifier une oeuvre qui dit encore son nom.

5

DEUX PROJETS EN PANNE

En 1934, l'oeuvre du Jardin botanique marque le pas, mais elle n'est pas la seule, et cela signifie bien que les temps sont durs. Il ne faut cependant pas la laisser périr, abandonner les serres du Jardin au premier venu pour y élever ses lapins, comme cela se fait. Irrité par cette situation, Louis Dupire la déplore dans son éditorial du *Devoir,* le 21 juin: «Montréal est la ville des entreprises en panne. (...) le Jardin botanique et l'*Arboretum,* cimetière d'arbres qui en devrait être le conservateur.»

Depuis le printemps, Camillien Houde a repris sa place à l'Hôtel de ville. Louis Dupire rappelle aux responsables un moyen qui avait déjà réussi en 1932:

L'administration actuelle a le mérite d'avoir commencé le Jardin botanique. Elle n'a qu'à poursuivre son oeuvre. Une cinquantaine de mille dollars dépensés là à bon escient pousseraient très loin les travaux de terrassement et pourraient employer des centaines de chômeurs. Dès le Jardin terminé, ce serait un actif pour la ville et un actif peu coûteux. Un Jardin botanique n'est pas en effet un parc ordinaire, mais un champ d'étude et un moyen de propager l'instruction et de développer chez tous le goût de l'ordre, le sens de l'observation et l'appréciation de la vie rurale et de la vie en pleine nature.

Or ce Jardin botanique serait le seul du genre dans tout le Canada oriental, sauf erreur.[91]

Le projet est de nouveau à l'ordre du jour. L'échevin Léon Trépanier, ami d'enfance de Marie-Victorin, y apportera sa collaboration.

Les travaux de construction de l'Université n'avancent pas davantage. Des hommes prestigieux prennent la parole pour défendre ce projet, également cher à Marie-Victorin. Le Cardinal Villeneuve, dans une conférence intitulée *L'Université, école de haut savoir et source de directives sociales,* prend position pour le progrès et montre la nécessité pour les catholiques de s'impliquer dans les institutions qui lui donnent son orientation:

Si hors de nous il y a le progrès et parfois comme la propriété exclusive des moyens temporels, c'est que nous les avons incompris, que nous les avons abandonnés. Les Docteurs chrétiens et l'histoire de l'Église ne nous prescrivaient point ce délaissement; au contraire, ils nous commandent de nous emparer de tous ces êtres de la création et de tous ces arts de la civilisation, pour en faire des échelons qui nous mèneront à Dieu.[92]

Un an après, la situation ne s'est guère améliorée, malgré les efforts du comité des professeurs pour obtenir que des fonds de chômage soient affectés à la construction de l'Université. Marie-Victorin décrit cette situation devant laquelle la démission serait un acte de lâcheté:

La génération de jeunes professeurs pleine d'espérance il y a quinze ans est sacrifiée. En somme l'effort de quinze années est menacé d'aboutir au découragement, à la démission. Nous sommes des lâches si nous acceptons cette situation. (...)

Elle attend encore la réalisation des promesses qu'on lui a faites. Elle est encore dans les mêmes locaux de fortune, misérables et insalubres. Elle n'a pas d'outils et pas de livres. La maison qu'on avait commencé de lui construire va en ruine sur le flanc du mont Royal. Et cependant durant ces années s'élevaient des palais, ces écoles primaires qui sont des palais, et le pays continuait à se couvrir de routes et de gigantesques travaux de génie.

(...) Nous avons crié, demandé, redemandé (...). En cette Université de Montréal nous sommes plusieurs centaines de professeurs responsables de la vie intellectuelle de la nation. Ne sommes-nous pas des faillites incontestables si notre opinion, si nos revendications collectives dans ce qu'elles ont de plus élevé et de plus désintéressé n'impressionnent nullement ni ceux qui sont à l'intérieur de l'enceinte des parlements ni ceux qui les y mettent (...).

Il ne s'agit pas comme universitaires de jeter nos personnes dans la politique active. (...) Mais, sans prendre parti comme universitaires, nous pouvons, nous devons porter notre cause sur le forum et demander aux divers groupements politiques de reconnaître officiellement et efficacement les droits de l'intelligence et de l'éducation supérieure.[93]

En cette année 1935, une oeuvre importante dans la vie du frère voit le jour. À l'occasion d'une fête donnée en l'honneur de la publication de la *Flore laurentienne,* Marie-Victorin relance le projet du Jardin botanique en présence et à l'intention de son ami, le maire de Montréal. Sa démarche auprès de Monsieur Savignac, président du Comité exécutif, lui obtiendra un crédit de 20 000 $. Ce comité nomme en même temps, le 25 avril 1936, une commission de techniciens pour l'amélioration et l'administration du Jardin botanique. Le 7 mai, les travaux reprennent.

À l'Université, certains doyens et professeurs «considèrent que l'argent versé au Jardin botanique est volé à l'Université.» Mais Marie-Victorin ne néglige pas l'une au profit de l'autre, et le 16 juin, il annonce dans *Le Devoir* la formation d'une Société d'étude et de libre discussion des problèmes universitaires. Suivent les points que la Société se proposait d'étudier; nous en mentionnons quelques-uns:

> Jamais les universitaires vrais — ceux dont la vie et la pensée entières appartiennent à l'oeuvre universitaire — n'ont eu plus nettement la sensation d'être abandonnés de tous. Horizon vide. Silence découragé des chefs. Indifférence ou hostilité de l'opinion. Mots d'ordre incohérents. (...)

> L'année académique est terminée. Les étudiants sont partis. Les professeurs, toujours impayés, se serrent la ceinture, s'endettent aux banques à 7 %, ou bien abandonnent un logement dont ils ne peuvent plus payer le loyer, pour retourner chez leur père. Les employés de l'Université incapables pour un certain nombre de prendre le tramway, marchent des milles pour aller exécuter un travail non payé. Les laboratoires manquent de tout, et particulièrement de cet élément moral qui soutient le travail et le féconde. (...)

> Les observateurs de l'extérieur ne voient généralement dans la crise universitaire qu'une insoluble question financière. Mais le mal est infiniment plus profond parce qu'il atteint sérieusement la vie intellectuelle et le moral de l'Université. (...)

> Ces professeurs dont je parle, ceux de la génération sacrifiée, viennent de fonder la «Société d'étude et de discussion des problèmes universitaires». (...) Les questions qu'étudiera la Société sont d'ordres divers:

- Libération politique des universités canadiennes-françaises et en particulier de l'Université de Montréal. (...)
- Établissement d'une échelle de salaires raisonnable. (...)
- Établissement d'un fonds de pension, de l'année sabbatique et de bourses d'études pour les professeurs. (...)
- Centralisation progressive de l'enseignement par l'établissement du système des Instituts. (...)
- Liberté raisonnable de la critique littéraire et scientifique. (...)
- Relation de l'Université avec les universités étrangères. (...)
- Rétablissement des facultés purement culturelles. (...)
- Recherche d'un plan défini d'orientation intellectuelle pour les Canadiens français, en tenant compte du fait primordial qu'ils sont des Français et des Français d'Amérique.
- Il est bien entendu que la Société est absolument para-universitaire.[94]

L'action de Marie-Victorin ne se limite pas à la parole, si convaincante soit-elle; elle le conduit le 18 décembre, avec son ami Georges Préfontaine, jusqu'à Québec, auprès de certains ministres qui leur font bon accueil. Le Comité des professeurs, ainsi que le signale Robert Rumilly, demande aux «autorités fédérale, provinciale, municipale et universitaire d'assurer l'assiette du budget et la construction de l'immeuble.»

Constamment préoccupé de la qualité de l'enseignement universitaire qui doit être un enseignement supérieur basé sur la recherche, les échanges et les contributions, Marie-Victorin lutte pour la fondation d'Instituts. Si l'Université Laval a son École des mines depuis 1936 et l'Université de Montréal, ses Instituts de zoologie, de géologie et de botanique, elles le doivent au Frère Marie-Victorin; la satisfaction du frère est grande de voir que, de plus, les Instituts de zoologie et de géologie sont dirigés par deux de ses disciples, le premier par Georges Préfontaine et le second, par le Père Léo Morin.

Il reste cependant un point à gagner. Marie-Victorin rêve de réunir l'Institut botanique au Jardin et, quand il rêve, la réalité n'est pas loin. Ce transfert ne serait que normal puisqu'il permettrait aux étudiants de faire leurs recherches et leurs expériences sur place. En attendant, Jules Brunel et Jacques Rousseau deviennent respectivement sous-directeurs de l'Institut et du Jardin dont Marie-Victorin continue d'assumer la direction.

Teuscher fait désormais partie du personnel du Jardin et, assisté de René Meilleur, il est responsable de l'organisation générale, du classement et de l'étiquetage des plantes vivantes. Dans une longue lettre à Marie-Victorin, le 13 décembre 1937, il explique les principes qu'il a suivis en faisant les plans du Jardin botanique. Il mentionne, entre autres, la pépinière dont le site ne doit pas être éloigné des jardins d'exposition afin de faciliter le service: «I placed the nursery, as the heart of the gardens, almost in the center of the grounds. It is many times larger than in any botanical garden which I know.»

Il pense également à un endroit propice réservé aux enfants pour le jardinage, au cas où cela deviendrait une des activités du Jardin botanique. Il termine en exprimant le désir de rencontrer le frère plus régulièrement afin d'éviter les malentendus. Il lui promet que son Jardin sera unique au monde:

> The Montreal Botanical Garden when completed will stand unique not only for the unusual educational opportunities which it offers but also for its attractive landscape design and general beauty.

Dès maintenant, l'organisation des jardins progresse; certains sont déjà ouverts au public: le jardin des plantes annuelles et le jardin économique; d'autres le seront bientôt tel le jardin des plantes vivaces. Les premiers groupes d'élèves ont déjà commencé à vérifier sur le terrain leurs connaissances livresques, ouvrant la voie aux milliers de jeunes qui pourront bientôt devenir familiers des plantes les plus rares. Désormais, l'avenir du Jardin semble assuré.

III

POUR UN MEILLEUR SERVICE

Le Frère Marie-Victorin, à La Havane, de Cuba.

1

1939: ITINÉRAIRES BOTANIQUES
DANS L'ÎLE DE CUBA

Les palmes de mes champs, ces royales altesses
Qui naissent du sourire embrasé du soleil
Et se dressent bien haut loin dans l'azur vermeil,
Et de leurs rameaux verts, en leur cadence exquise,
Balancent l'éventail au souffle de la brise.[95]

Le temps, qui joue souvent en faveur des entreprises humaines pour qui s'arme de patience et de ténacité, finit toujours malgré tout par triompher de l'homme. En attendant de l'avoir définitivement emporté sur lui, il lui assène de petits coups qui, en se multipliant, diminuent progressivement sa résistance et en font une cible plus facile, plus vulnérable. En 1938, le Frère Marie-Victorin a cinquante-trois ans. Sa santé n'a jamais été florissante, mais le temps, le travail et les préoccupations de tous ordres ne l'ont guère améliorée non plus, il va sans dire. Le 3 octobre, il écrit à sa soeur Adelcie, en religion Mère Marie-des-Anges: «Ma santé se maintient assez mauvaise. Haute pression et coeur faible.»[96] Les hivers rigoureux de notre beau pays sont un élément de plus qui ne lui facilite guère la lutte contre les attaques du temps. Le frère demande donc à ses supérieurs l'autorisation de passer les quelques mois d'hiver à La Havane, à Cuba, où les F.E.C. ont une maison, le Colegio de La Salle. Cet extrait de lettre au Frère Manuel Paulin, le 14 décembre, précise quelques détails de ce voyage:

> Selon que vous avez eu la bonté de me le permettre, je pars demain matin, en compagnie de mes deux soeurs pour la Havane, où je passerai trois mois pour essayer de refaire ma santé, qui, comme vous le savez, est compromise assez sérieusement.[97]

Durant le voyage Montréal-Key West, effectué en cinq jours, le frère a «fait deux jours de grande fatigue nerveuse», mais une dizaine de jours ont suffi pour le remettre. De Manzanillo, il rassure le Frère Visiteur: «La chaleur m'a redonné la vie. Je me sens léger comme un papillon et je coule de belles journées dans un bureau que je me suis fait au Colegio de La Salle où tout le monde est très bon pour moi.»[98] Les belles journées au bureau ne doivent pas être très nombreuses, si l'on en juge par l'itinéraire reproduit dans son Journal de route, si bien que l'état de santé du frère n'est pas toujours au «beau fixe».

> Rien qu'un mot pour te dire que le comte et les comtesses du Prado sont bien. Je ne t'écris pas de La Havane mais d'un village perdu où je loge ce soir dans une auberge de sixième classe. (...) Notre voyage a été bon et nous fera du bien à tous. Je fais de temps en temps de mauvaises périodes, qui m'empêchent de m'illusionner trop. J'ai honte d'être ici au soleil, tandis que là-bas on travaille à ma place.[99]

Les deux comtesses en question sont, bien sûr, ses deux soeurs, Laura (Mme Flavius Lebel) et Eudora (Mme Edouard Laurin). Les deux jeunes femmes regrettent-elles d'avoir accompagné leur frère en des régions où le confort est moins grand et la vie sociale moins intéressante qu'à Québec? Une lettre du frère à Adelcie le laisse entendre:

> Notre voyage se poursuit bien. Moi, au moins, je ne m'ennuie pas, car je ne cherche pas le Canada sous les Tropiques, mais bien ce que les Tropiques peuvent donner: le soleil, la chaleur, le repos. Quand je trouve les femmes capricieuses, j'admire la puissance du Créateur qui les fit si pleines de contradictions, et je fredonne:
>
> «Dieu tout-puissant qui fis la créature
> Je crois (néanmoins) en ta Bonté.»
>
> Sérieusement, nous faisons un beau voyage. Mais je travaille beaucoup et j'apprends par tous les pores.[100]

En effet, il travaille et pas toujours dans des conditions idéales. Nous l'avons constaté un peu plus haut en ce qui concerne le logement; de même, les moyens de transport sur des routes non asphaltées sont à l'avenant. S'il prend parfois l'avion pour gagner du temps, il voyage plus souvent en automobile, en train, à cheval, en camionnette, ou en «camion à bananes»; s'il utilise le *steamer,* la goélette, la barque et le yacht sur les voies d'eau, il devra un jour, en auto, passer une rivière à gué:

> Que le mot de chevauchée n'éveille toutefois aucune image glorieuse ou donquichottesque. Les botanistes, gens de roture, ont à l'ordinaire des coursiers à l'avenant! Mais vraiment, pour peu que l'on ait de l'imagination, on se sent ici dans un lieu étrange, dans un paysage pour conte de Schmidt. Le *practico* marche devant, *machete* au flanc. Mon petit cheval miteux suit un sentier que l'érosion creuse parfois dans la terre rouge jusqu'à en faire un cañon miniature. Sur les flancs de la tranchée, le cheval happe sans s'arrêter et sans baisser la tête, des touffes de *Panicum.*[101]

Après de longues excursions d'herborisation, il s'astreint chaque soir à rédiger un journal où il rend compte de ses recherches et de ses observations, et où sa sensibilité artistique trouve à s'exprimer:

> Dans un ouvrage qui veut essayer de rendre justice à la beauté, au charme et à la richesse végétale de la perle des Antilles, le Journal de route était la meilleure forme possible pour souligner les rapports qui unissent l'homme et la plante.[102]

Trois ouvrages imprimés sortiront de ce journal, comprenant trois saisons de travail, soit l'hiver 1938-39, l'été 1939 et les années 1940 à 1943 inclusivement. En tout, 1 133 pages où abondent les descriptions, les observations et les commentaires accompagnés de 647 magnifiques photos de plantes, de gens du pays et d'endroits typiques, ainsi que des cartes et des dessins. Pas moins de 1 500 plantes et un nombre encore plus grand de sous-groupes de ces plantes identifiés et décrits dans leur milieu! La publication de ces ouvrages fut réalisée grâce à une subvention de *The Atkins Institution of the Arnold Arboretum,* de Soledad, Cuba, pour ce qui est des volumes 1 (1942) et 2 (1944). Le volume 3, encore inédit lors du décès du Frère Marie-Victorin en 1944 et du Frère Léon en 1955, fut publié par Jules Brunel en 1956, grâce à une subvention du gouvernement cubain.

Le Frère Léon, directeur du Laboratoire de botanique du Colegio de La Salle, accompagne Marie-Victorin sur le terrain; il rédige, dans le premier tome, un aperçu phytogéographique au début du volume et «est la source principale des jugements taxonomiques portés à chaque page de cet ouvrage.»[102]

C'est ainsi que Marie-Victorin conçoit ses séjours à Cuba destinés à le reposer et à lui permettre de refaire sa santé! Ces brefs séjours aux Antilles, le frère les vit loin, il est vrai, du théâtre où se joue, en ces années, le destin de plusieurs nations. C'est la guerre en Europe; il n'y est certes pas indifférent, mais ce n'est pas une raison pour s'arrêter, au contraire:

Un journal. Les titres ce soir sont écrasants: l'Allemagne envahit la Hollande et la Belgique. Historique journée. Nous allons, car même quand la machine du monde craque, la vie individuelle ne s'arrête pas et continue de battre son rythme.[103]

L'histoire, on la vit partout et tous les jours. Heureusement elle n'est pas tragique dans tous les coins du monde à la fois. Elle fait les pays tels qu'ils sont et laisse des traces dans les populations et souvent même dans les monuments qui, selon les circonstances, murmurent ou crient leur message:

Mais voilà que tout à coup le taillis s'ouvre devant un paysage de lumière! Un grand plateau herbeux, la blancheur d'un phare et l'infini de la mer. La forteresse: murs crénelés, tourelles et dongeons. Les Espagnols étaient de grands bâtisseurs! Qu'ils en ont élevé dans toutes les Amériques de ces monuments à la force et à l'esprit de conquête! Devant la longue forme blanche du Morro, on songe aux luttes féroces qui se sont livrées autour de ces îles tropicales, de ces édens antillais, théâtre des premières aventures coloniales européennes. (...) Poterne et pont-levis, dongeons et poivrières, fossés et chemins de ronde, tout s'avive aujourd'hui dans la lumière. Le soleil et la pluie n'ayant pu encore détruire la grande forteresse, l'ont maquillée de verdure et de fleurs comme pour la pacifier, pour marquer les droits d'une nature sans âge sur les entreprises de l'homme d'un jour.[104]

Mais les populations rêvent toujours de secouer le joug étranger, et les endroits qui ont été le théâtre de leurs luttes présentent, pour les patriotes cubains, une importance historique. Le frère, à l'instar des héros de la guerre de l'Indépendance sous le commandement de Maceo, se rend à Mantua, finistère occidental de Cuba, comme Maisi en est le finistère oriental.

Cuba devient par ailleurs un refuge, à un moment historique de l'histoire d'Haïti:

C'est dans cette région d'Oriente que se réfugièrent au début du XIXe siècle, un bon nombre de Français d'Haïti, fuyant devant les massacres de Dessalines et de Toussaint Louverture. Ils y apportèrent, avec leurs habitudes haïtiennes et leur façon de cultiver en montagne, la vieille tradition française de méthode et d'esprit de suite: ils tracèrent de nombreux chemins (...) dont la caractéristique est de se tenir toujours au même niveau.[105]

Des gens venus des endroits les plus reculés, et pour d'autres motifs que ceux de ces Français d'Haïti, constituent la population de l'île des Pins. La visite d'une petite école donne au frère une idée du cosmopolitisme de cette population: Chinois, Japonais, Norvégiens, Ukrainiens, gens de couleur, etc., dont les ancêtres, attirés par l'assurance d'un gagne-pain, ont fait de l'île leur seconde patrie. Cependant, certaines villes comptent encore une forte concentration d'Espagnols:

Le soir est venu quand nous entrons à Camagüey, importante ville de 80 000 de population, ville aux nombreuses églises, qui a la réputation de posséder les plus purs types de femmes espagnoles et de garder l'intégrité de la vieille langue.[106]

Hélas, l'implantation en sol cubain de la civilisation européenne ne se fit pas toujours, on le sait bien, de façon pacifique, et les premières victimes en furent les indigènes, ainsi que le souligne le frère, indigné de la violence et de l'injustice exercées par des populations dites civilisées:

Nous voici à Matanzas, ville de 40 000 habitants. Il est deux heures. Le rivage de la baie décrit une courbe magnifique autour des eaux bleues. Le nom de Matanzas qui a pour étymologie 'matar' (tuer) rappelle les affreux massacres d'indigènes qui eurent lieu ici. Il remet aussi en mémoire la douce figure de Las Casas, père et protecteur des Indiens victimes de la cruauté civilisée. Matanzas, enrichie par le sucre, fut un temps l'Athènes de Cuba. C'est ici également que le physicien français Georges

Claude fit en eau profonde ses expériences sur la pile océanique.[107]

L'histoire a-t-elle fait sa marque dans toute l'île? Apparemment non, du moins pas celle qu'on qualifie de «grande» et qui n'a de grand bien souvent que ses hécatombes et ses ruines. À quoi ressemble le village cubain de la paix?

> Il serait bien banal le village cubain, — j'entends le village récent sans histoire, né de la route et de la danse des millions à l'époque de la grande guerre — il serait bien banal, sans le petit parc où la gloriette surgit toute blanche au milieu des Poinsettias couleur de flamme! Et que seraient les humbles maisons de bois sans les fleurs de haut lignage qu'une nature infiniment féconde y prodigue à pleines mains!
>
> La rue est bruyante de la course des enfants, du trot des petits chevaux et de la clameur des vendeurs de poules. Mais la maisonnette peinte en bleu, dont la grille de fer laisse entrevoir dans l'ombre les aîtres et les gens, disparaît littéralement sous les fleurs! Un tapis de Trompettes orangées (*Tecoma capensis*) dévale du toit et vient faire rideau devant la véranda. Aux deux angles, près du *Datura arborea* fléchissant sous le poids des longues cloches blanches pendantes, la liane du Bougainvillier explose, à la hauteur du larmier, en une éblouissante féerie de pourpre. Mais surtout, aussi sûrement qu'un ciel bleu s'arrondit sur nos têtes, deux massifs de hauts *Poinsettias,* à tous les vents balancés, flamboient devant la porte. Devant tant de merveilles, nées du flanc d'une nature indéfiniment féconde pour ennoblir la petite maison de misère, le cri de Faust nous échappe: «Que de richesses en cette pauvreté!»[108]

Sur cette île de 114 524 km², la plus grande des Antilles, on ne peut s'attendre à rentrer au bercail tous les soirs, quand on excursionne le jour. Il faut donc se contenter du gîte qu'offrent certaines hôtelleries:

145

Dîner à Colon dans une de ces hôtelleries typiques dont la haute salle à manger, qui sert en même temps de buvette, s'ouvre complètement sur deux côtés et met les clients sur la place publique. Aussi, pendant que nous mangeons avec appétit notre *ajiaco* (sorte de soupe synthétique qui contient de la viande, du maïs, des bananes, du colocase, etc.) nous sommes entourés de curieux, parmi lesquels un grand *guajaro,* silencieux et immobile tenant sous le bras un coq de bataille. (...)[109]

Avant de nous coucher, nous essayons de prendre un café *con leche* (...) Lait salé imbuvable pour nous! Alors va pour l'eau de coco et le café *solo.*[110]

L'hôtellerie est quelque chose de vaste et de primitif: un long hangar de bois à deux étages. (...) On nous a conseillé de nous barricader, car, arrivés en limousine, nous passons pour des millionnaires et on ne sait ce qui peut arriver.[111]

Il y a ceux qui volent et ceux qui quêtent: le petit peuple est pauvre; il y a ceux qui rêvent du million et ceux qui rêvent d'une autre société:

À l'hôtel, confortablement assis dans des fauteuils d'osier, nous regardons passer la vie bruissante et pittoresque que nous connaissons bien. Gamins qui veulent des sous, mendiants en haillons, cigarette aux lèvres; vendeurs de billets de loterie; petites tables rondes entourées d'hommes d'État amateurs qui vaticinent gravement en ces jours excitants où l'on prépare une constituante. Qu'il y ait ici tant d'éloquence politicailleuse, point ne faut s'en étonner: même les enfants qui nous entourent, qui ne font encore que leur petite politique personnelle sont d'une étourdissante verbosité.[112]

Latins pour la plupart, ces hommes exubérants qui parlent beaucoup et écoutent peu, on ne doit pas s'étonner de les retrouver aussi bavards dans une salle obscure:

À l'hôtel, le cinéma est aux trois quarts rempli. Film de sixième ordre, fait surtout de coups de pistolets échangés généreusement entre *vaqueros* de l'Arizona. Mais beaucoup plus que le film, la salle est pittoresque, la salle qui crie, hurle et manifeste. J'ai respiré cette atmosphère déjà, à Séville et à Ténériffe.[113]

Le frère ne peut rester indifférent au sort de ces hommes vivant dans la pauvreté et si dépendants des étrangers; il s'intéresse à tous les aspects de leur vie et en particulier à leur travail:

Bayamo. Des gens bien intentionnés veulent à tout prix nous vendre des poules vivantes et des billets de loterie: les deux pôles de l'économie domestique à Cuba. Bien plus intéressants en vérité sont les jeunes gens bronzés qui nous offrent des paniers, des mallettes, des bourses et des sandales faits des feuilles de *Copernicia Baileyana*.[114]

La révolution de 1959 qui fit de Cuba un pays socialiste attira l'attention du monde entier. Mais auparavant, à l'époque où, par exemple, le Frère Marie-Victorin la parcourait en tous sens, l'île était-elle connue autrement que par ses exportations: café, sucre, fruits, tabac, etc.? En général, non. Ces produits présentaient donc un certain intérêt pour le touriste. Mais Marie-Victorin n'est pas un touriste ordinaire. Il suit et note dans son journal les différentes étapes de la production du sucre, depuis la récolte jusqu'à l'exportation, en passant par l'industrialisation:

Une chose ici, une seule, maîtresse de tout, bienfaisante et tyrannique, génératrice de tous les bienfaits de la vie, et responsable de toutes les aberrations de l'économique: la canne à sucre. Les administrateurs des centrales sucrières sont des barons d'industrie qui traitent princièrement les visiteurs.[115]

C'est la saison de la récolte de la canne, la saison de la *zafra*. L'asphalte de la route est semé de bouts de canne tombés des charrettes. Venant des champs, les véhicules convergent vers la gigantesque main de fer de la grue. Sous les jougs de bois, les boeufs attendent placidement le signal de tirer la charge. Je ne me fatigue pas d'admirer cette belle race d'animaux.[116]

Un soleil merveilleux illumine l'un des paysages cubains les plus sympathiques, si l'on peut dire; lignes douces de montagnes couvertes à profusion de Palmiers royaux convenablement espacés; champ de canne où, la coupe venant à cesser, les boeufs libérés pour la nuit se nourrissent à même la récolte. On ne lie pas la bouche, dit la Sainte Écriture, au boeuf qui foule le grain! Et voici des centrales sucrières, petits mondes par elles-mêmes, très animées, jour et nuit, à cette époque de la récolte.[117]

Isabella, port d'expédition du sucre, suinte le désoeuvrement et l'ennui. Type parfait du petit port tropical étouffé dans la mangrove.[118]

Une autre catégorie de travailleurs s'affairent au même moment à la récolte du tabac; le frère, qui souligne leur présence dans les champs le matin et leur retour au crépuscule, se laisse fasciner par la qualité particulière de la lumière que les derniers rayons diffusent sur le paysage, lui conférant cette beauté romantique dont il ne se lasse pas:

Les *guajeros* planteurs de tabac sont dans leurs champs ce matin.[119]

Le soir venant, au cirque de Sumidero, est d'une grande sérénité. Les flancs de roc qui n'ont pas encore passé dans l'ombre s'avivent sous la lumière oblique. Nu-pieds dans la terre rouge détrempée, les *guajeros* reviennent des champs. Une partie de la récolte est déjà faite et le terrain abandonné par le tabac est vite livré aux mauvaises herbes attitrées.[120]

Retour au pas tranquille des chevaux, après un dernier regard sur le *mogote* qui fut autrefois pour les célèbres tabacs de Cuba ce que les côteaux de la

Bourgogne sont pour les anciens crus de France. Ceux qui de par le monde fument les célèbres cigares dits de La Havane ne se doutent probablement pas de l'atmosphère romantique, du cadre naturel grandiose et doucement lumineux qui entoure la naissance de la précieuse feuille, dans le dédale des *mogotes* de Pinar del Rio![120]

Contraste inoubliable, le spectacle dantesque qui l'attend à La Lisa, l'enfer des *carboneros,* l'atteint plus profondément encore, dans ce lieu secret du coeur de l'homme où prend naissance le premier mouvement de révolte:

> La Lisa, campement de charbonniers. Le *carbonero,* élément humain de la mangrove de la Ciénaga est un rouage important dans l'économie de Cuba, où la cuisine populaire se fait presque totalement au charbon de bois. (...) 'En été, on a ici le choix entre cinquante maladies', nous dit un *carbonero.* (...) Sombre tableau que l'on n'oublie pas. Eaux noires. Racines squelettiques des Mangliers et sournois entrelacs de Fougères et de roseaux, repaires de crocodiles. Traînées de Pélicans, Canards et Cormorans qui passent à tire d'aile au-dessus de nos têtes. (...) Que mangent les *carboneros?* Des haricots, du riz poli, du *zucca* et des *platanos* (bananes farineuses). Ils mangent aussi beaucoup de poisson. (...) À l'occasion cependant les *carboneros* s'offrent un morceau de choix: une queue de crocodile![121]

> Pas de femmes dans cet enfer ensoleillé, donc pas de propreté et pas de retenue, point de souci d'ordre et d'embellissement. La lutte pour la vie dure et sans phrases! (...) Ils n'ont pas l'air méchants, mais plutôt écrasés dans l'implacable étau de l'environnement. Ils sont de l'armée sans nombre des sacrifiés qui doivent vivre inhumainement afin que se maintienne, brillant par le dehors, ce mensonge fragile et creux que nous appelons la civilisation.[121]

Ceux qui refusent ces conditions doivent bien souvent se livrer à l'escroquerie. Le frère est ainsi victime de chauffeurs de taxis et de porteurs, passant des uns aux autres sans nécessité réelle, pour parcourir une distance qu'il devait, à la fin, reconnaître bien dérisoire:

> À la centrale de *Santa Clara,* une opération aussi simple qu'un changement d'autobus donne lieu à une savante série de petits *rackets* comme on dit aux États-Unis. (...) Tout cela en un temps record: trois quarts d'heure. En récapitulant froidement la situation, vous devez admettre que vous avez payé tout le monde, que tous ces artistes vous ont mené à la baguette, et que pas un n'a raté son attaque.[122]

Faut-il s'étonner que, dans de telles conditions de vie, la pratique religieuse soit déplorable?

> Nous allons à la messe à huit heures. Presque pas d'hommes. C'est que l'on a festoyé durant la nuit. Peu de femmes aussi. De nombreux enfants, des fillettes surtout, nerveuses, graciles, petites Négresses aux noires tignasses frisottées, petites Cubaines au teint chaud, coiffées de cette charmante mantille noire, géniale de simplicité, qui fait de toute femme espagnole une reine en herbe.[123]

Ces gens pour qui la célébration eucharistique semble présenter si peu d'importance sont par ailleurs des fervents inconditionnels de la dévotion à Marie:

> Nous faisons d'abord un arrêt au sanctuaire de la *Virgen de la Caridad del Cobre,* le sanctuaire national de Cuba. Les origines de ce culte remontent à 1604 ou 1605. Deux jeunes Indiens et un Négrillon allant recueillir du sel dans la baie de Nipe, virent une forme blanche venir à eux, flottant sur les eaux. Ils crurent d'abord que c'était une mouette. Quand ils furent plus près, ils aperçurent une planchette soutenant une image de la Vierge, où on lisait ces mots: 'Je suis la Vierge de la Charité'. Avec beaucoup de respect les jeunes gens portèrent la sainte

image au Cobre (mines de cuivre situées tout près de Santiago) où on lui érigea un sanctuaire. C'est aujourd'hui le grand pèlerinage cubain. Si le véritable esprit catholique laisse bien un peu à désirer à Cuba, au moins dans sa partie formelle, la *Virgen de la Caridad del Cobre* a la part du lion dans la vie religieuse des Cubains. Son image est partout, dans les maisons, dans les lieux publics, au cou des hommes et des femmes. Il n'est personne ici si mécréant soit-il, qui ne respecte la *Virgen de la Caridad*. (...)

La Madone de Regla (Regla est une banlieue de La Havane) est la dévotion des gens de couleur. La Madone est noire, mais le Jésus qu'elle tient dans ses bras est de race blanche! Tel est le prestige du Blanc, et le complexe d'infériorité des gens de couleur, qu'ils ne peuvent se résoudre à considérer le Christ comme un des leurs! Ils se rattrapent en s'annexant la Madone. D'ailleurs ces choses ne sont pas très claires pour tous. Quelqu'un m'a expliqué sérieusement que la Madone de Regla est la soeur de la Madone de la Caridad.[123]

Ne pouvant dissocier les différentes facettes de sa personnalité non plus que les différents domaines de ses activités, le Frère Marie-Victorin, botaniste, s'intéresse donc également aux personnes et à leurs croyances, à l'histoire et à l'économie, à la géographie du pays et à l'architecture de même qu'aux paysages. Pour cet homme universel, rien n'est insignifiant. Cependant, ses ouvrages sur la botanique, bien qu'émaillés de descriptions et enrichis de commentaires personnels, comportent principalement des études scientifiques. Mais, là encore, jamais il ne présente une identification sèche de la plante. «Précurseur de l'écologie», comme en témoigne Marcel Cailloux, «le Frère Marie-Victorin étudiait toujours la plante dans son milieu: formations géologiques du terrain, types de sols, climat; la plante n'était pas impersonnelle pour lui: toute une série de conditions faisaient qu'elle pouvait s'épanouir dans tel milieu». Ce témoignage est corroboré et complété par Pierre Dansereau: le frère discutait avec ses étudiants des différents usages que l'on faisait de cette plante ici et ailleurs. Quelques extraits des *Itinéraires botaniques,* parmi les plus compréhensibles pour de simples profanes permettent d'en juger:

> Dans une solide voiture, nous prenons la route qui doit nous conduire dans la province d'Oriente. (...) Le roulage est facile et rapide, mais la vitesse ne nous empêche pas d'observer les arbres qui sont évidemment, dans un pays de plaine, les éléments dominants du paysage. Il faut d'abord saluer le Palmier royal (*Roystonea regia*), le bien-nommé, qui règne sur la plaine grasse, sur la terre rouge, mère de la *cana* (canne à sucre). Le tronc lisse, impeccablement vertical du Palmier royal, monte de partout et plaque sur le ciel bleu un élégant panache de longues pennes que le vent agite en des poses gracieusement langoureuses. (...)

> À cette distinction d'être le plus beau des arbres de la Perle des Antilles, le *Roystonea regia* joint celle d'en être le plus utile. La vie du paysan, du *guajero*, est liée, intégrée à celle du Palmier royal. Le *bohio*, ce rudimentaire abri qui suffit au Cubain rural et à sa famille en cet heureux pays où la maison n'est guère qu'un parasol, le *bohio,* dis-je, doit tout au Palmier royal. (...)

> Pour résumer: le Palmier royal est pour le paysan cubain la plus libérale des providences; pour le voyageur artiste, une joie des yeux qui le suit partout; pour le taxonomiste, un problème obscur et sans cesse renaissant; pour le phytogéniste enfin, il illustre magnifiquement sur ce théâtre à la fois homogène et diversifié des Antilles, ce processus de micro-évolution, cette différenciation par voie d'isolement insulaire, sans nul doute l'une des mises en oeuvre les plus fécondes de l'évolution organique.[124]

Le *Poinsettia,* cette plante tropicale qui vient égayer nos maisons durant les fêtes de Noël, présente un caractère particulier en raison de la couleur inusitée de ses feuilles. Le frère explique ce phénomène:

> Le *Poinsettia (Euphorbia pulcherrima)* est le type d'une catégorie de plantes où la coloration brillante, ordinaire apanage du périanthe des fleurs, a émigré de celles-ci aux feuilles immédiatement voisines. (...) La pseudo-fleur du *Poinsettia* n'est donc qu'un groupe de feuilles gavées de substances nutritives que n'ont pu utiliser les petites fleurs. Ces feuilles, ne pouvant se libérer autrement, transforment ces réserves alimentaires devenues inutiles, en un pigment écarlate, d'un éclat plutôt rare dans le domaine des fleurs.[125]

Nous connaissons bien également la saveur de la noix de coco et nos cuisinières l'utilisent à bon escient pour rehausser certains desserts: que savons-nous de plus?

> Le cocotier (*Cocos nucifera*) n'est pas indigène à Cuba non plus qu'ailleurs aux Antilles. Sa vraie patrie est une énigme. Il n'y a pas de mot maya ni de mot aztèque pour cet arbre. (...) Il semble que l'espèce a été introduite au Brésil par les Portugais et au Mexique par les Espagnols.[126]

Nos ancêtres faisaient un fréquent usage thérapeutique des plantes et s'en portaient assez bien. Dans ces pays où la médecine n'a pas pénétré dans toutes les régions, les herbes médicinales ont toujours une grande vogue:

> Il y a, pour le botaniste, beaucoup d'intérêt à fréquenter les marchés de La Havane pour y étudier les légumes, les fruits et les herbes médicinales du pays. (...) Le plante-lore antillais et le plante-lore cubain en particulier sont extrêmement riches. Il va sans dire que pour les foules des gens de couleur qui fréquentent ces herboristes, médecine de bonne femme, superstitions et magie sont intimement associées en un tout inextricable.

La vendeuse, femme d'un certain âge, est un peu défiante au premier abord, car elle a parfois maille à partir avec la police qui surveille particulièrement la vente des plantes abortives. Mais la vue de l'argent lui délie la langue et c'est de bonne grâce qu'elle me fait voir les articles de son officine.[127]

Suit une liste de plantes utilisées pour le rhume, l'estomac, les maladies de peau, les affections rénales, les maux de tête, le diabète, l'insomnie, les maladies des testicules, le ver solitaire, le paludisme, les maladies vénériennes, ainsi qu'un abortif: «Tous ces remèdes végétaux se vendent en petits paquets, pour un prix minime. J'ai acheté tous ceux que je viens de nommer et d'autres encore pour moins d'un dollar.»[127]

Ces quelques extraits des *Itinéraires botaniques dans l'île de Cuba* ne rendent certes pas compte de l'intérêt proprement scientifique de ces ouvrages et des mois consacrés au travail de précision qu'ils exigèrent de la part du frère et de ses équipes cubaine et montréalaise. Au moment de leur parution, les *Itinéraires botaniques dans l'île de Cuba* recevaient, dans *Le Devoir,* une présentation de Pierre Dansereau, qui soulignait leur valeur à la fois littéraire et scientifique:

Ce journal est écrit un peu selon le plan des grands explorateurs du XIXe siècle — Darwin ou Humboldt — mais les notations ont une légèreté toute moderne. Le vocabulaire en est très riche et souvent audacieux; toujours une image neuve fixe les traits importants. S'il en est pour croire que l'imagination, voire la poésie, sont ennemies de la science, qu'ils lisent quelques pages de ces *Itinéraires* et ils verront comment un esprit réellement cultivé sait harmoniser en lui et dans son oeuvre la connaissance positive et le lyrisme pour donner plus d'éclat à la vérité.

Ceci ne signifie pas, cependant, que ce mémoire puisse être lu «comme un roman». Il s'adresse résolument aux spécialistes, tout au plus aux naturalistes, et s'il contient maint passage d'intérêt historique, géographique, anthropologique, social ou même seulement pittoresque, il ne s'écarte jamais de son but, qui n'est pas la vulgarisation, mais une introduction aux problèmes botaniques de l'île de Cuba. (...)

Voilà bien des questions abordées ou suggérées par les auteurs des *Itinéraires* dont la pensée et l'expérience sont trop riches pour qu'on tente même de les résumer. C'est dire quelle oeuvre féconde est présentée aux spécialistes et c'est prévoir déjà l'orientation qui sera donnée aux études à venir. L'illustration, extrêmement originale, est des plus précieuses: en effet quelques 80 % des espèces représentées, — si l'on excepte les plantes cultivées paratropicales, — le sont pour la première fois. Cette iconographie devient donc pour les institutions de botanique un trésor inestimable.[128]

Les quelques morceaux choisis de ces *Itinéraires* nous font donc percevoir chez le frère cet intérêt extrêmement diversifié dont son esprit ouvert et curieux avait depuis toujours favorisé le développement. Les pages qui suivent permettront de poursuivre l'analyse, entre autres, de ce trait particulier du caractère du Frère Marie-Victorin.

Frère Léon, é.c.

Le Frère Marie-Victorin, à Pinard del Rio, de Cuba, en 1939. *Zamia Pygmaea.*

La famille de Cyrille Kirouac.
Dans l'ordre habituel: Blanche (couchée), Eudora, Bernadette, Conrad (Frère Marie-Victorin),
Adelcie (Mère Marie-des-Anges), M. Cyrille Kirouac, Laura, Mme Cyrille Kirouac (Philomène
Luneau).

La famille Kirouac.
Dans l'ordre habituel: Eudora, Bernadette, M. Cyrille Kirouac, Mère Marie-des-Anges, Mme
Cyrille Kirouac, Frère Marie-Victorin, Laura, Blanche.

2

LES NOBLES ORIGINES D'UNE GRANDE FAMILLE

Il existe un cahier, pieusement conservé par leurs descendants, contenant la correspondance échangée entre divers membres de la famille Kirouac. Ce qui a donné lieu à ces échanges est le séjour d'études que l'oncle Jules Kirouac fit à Rome, au Collège canadien de 1891 à 1896, pour se préparer à la prêtrise, de même que le voyage de trois mois, en Europe, en 1892, de celui qui fut le grand-père paternel du Frère Marie-Victorin, François Kirouac. Cette correspondance consiste principalement en des descriptions et des références à l'histoire des monuments et des lieux historiques qui abondent dans les vieux pays et particulièrement au siège de la chrétienté. Si on y ajoute le journal de voyage de Mère Marie-des-Anges, R.J.M., rédigé à l'occasion d'un séjour semblable, en 1921, mais malheureusement disparu, on ne s'étonne pas de rencontrer le même intérêt, chez Marie-Victorin, pour l'histoire et la géographie de tous les endroits visités au cours de sa vie. Mère Sainte-Agnès écrira au sujet de Mère Marie-des-Anges, sa compagne et amie:

> Son intelligence dépassait de beaucoup la moyenne. Elle en utilisa la richesse en se donnant à toutes les tâches de l'esprit. Sa plume fine, abondante, pleine de verve, toujours neuve, captivait même les lecteurs difficiles.[129]

Les lettres du grand-père en particulier nous révèlent un homme bon et tendre, très attaché à l'Église et à sa famille, qui a profondément ressenti l'accueil affectueux reçu à son retour d'Europe:

> Toute la famille était à la maison et c'est à qui se jetterait dans mes bras la première; c'était une vraie scène de nous voir, je t'assure que la joie était au village. J'ai été bien touché de cette réception, on était autour de moi comme les mouches autour d'un pain de sucre. Que c'est beau de voir tous les enfants se montrer si sympathiques à l'arrivée de leur père.[130]

Père de quinze enfants, dévoué pour les siens, Monsieur Kirouac le fut également pour l'Église et pour la société. Un article de Léon Trépanier, dans *La Patrie* du dimanche 26 novembre 1950, est un éloge à sa mémoire. Il rappelle ses titres à l'admiration de ses concitoyens: Monsieur François Kirouac avait été maire de Saint-Sauveur, banlieue ouvrière de Québec, de 1864 à 1884, de même que préfet du comté de Québec et président de la Société de Prêts et Financement. Ayant acquis une fortune considérable dans son commerce de grain et de farine en gros, il fut entièrement dévoué aux oeuvres de charité de la paroisse et du diocèse. Président de l'Union Saint-Joseph en 1880, président local et bienfaiteur de la Société Saint-Vincent-de-Paul pendant trente-huit ans, trésorier de la Congrégation de la Sainte-Vierge pendant vingt ans, conseiller du comité central de la Propagation de la Foi, il s'engagea également dans la lutte contre l'intempérance. Cet empressement à se joindre à toutes les nobles causes et cette longue fidélité lui méritèrent des honneurs conférés aux seuls hommes de grande valeur. *Le Nouvelliste* de Québec du 19 juin 1886 relate la fête de famille célébrée à la Villa Ploërmel, sa maison d'été, à l'occasion de la remise du parchemin qui lui conférait le titre de camérier de cape et d'épée de Sa Sainteté Léon XIII. Le 25 juin de la même année, Monsieur J. E. Martineau, chevalier de l'Ordre du Saint-Sépulcre, lui remettait les insignes de cet ordre, à sa maison de Saint-Sauveur. Six ans plus tard, il devait s'émouvoir à la vue de Léon XIII qui le recevait en audience.

Cet homme qui, lors d'une maladie de sa femme, Julie Hamel, avait demandé à Dieu de venir le chercher le premier, fut exaucé. Il écrivait à sa fille, le 17 janvier 1896:

> Le bon Dieu m'a frappé tout d'un coup; si c'est ma dernière maladie, que sa sainte volonté soit faite! Je me résigne de bon coeur, et je demande pardon et miséricorde. Grand Dieu! ce n'est pas une petite affaire d'aller paraître devant le grand Juge Suprême avec les mains pas mal vides de bonnes oeuvres; mais je compte sur toi, sur Jules et toute la famille pour m'aider dans cette circonstance si difficile.

Sa mort, le 12 mai 1896, fut celle d'un patriarche, entouré de tous les siens. Cyrille, son fils et père du Frère Marie-Victorin, en fait la description à sa soeur; après avoir communié le vendredi matin avec une pitié touchante, le patriarche remercia le docteur en termes émus, les fit tous mettre à genoux et donna à chacun une dernière bénédiction:

> Jusqu'à mon dernier soupir, ses paroles resteront gravées dans mon coeur. C'était une scène déchirante, impossible à décrire. (...) Maman se tenait à ses côtés et c'est par elle qu'il termina en lui disant de sécher ses larmes et de bien veiller sur ses enfants; se tournant ensuite vers les autres, il nous recommanda longuement d'avoir bien soin de notre vénérable mère et de lui porter toute l'attention, le soin et le respect qui lui sont dus. (...) Nous avons

décidé de faire construire un bon caveau où seront déposés les corps de nos chers défunts et aussi nous érigerons une petite chapelle où Jules pourra aller dire la messe de temps à autre; nous lui devons plus que cela, mais nous nous empressons de sanctifier sa mémoire. (...) C'est un saint qui vient de mourir et tu as vu par les journaux combien notre regretté père était tenu en estime par ses concitoyens: un juste tribut rendu à celui qui fut bon père, excellent époux, fervent chrétien et citoyen dévoué.[131]

Cyrille à son tour fit son voyage en Europe en septembre 1900 et eut le bonheur d'être reçu en audience par le Saint-Père Léon XIII. C'était moins d'un an avant l'entrée de son fils, Conrad, chez les Frères des Écoles chrétiennes.

En ces jours où l'on se passionne pour les généalogies, on aimera savoir que l'ancêtre des Kirouac, Maurice Lebrice de Kérouac, baptisé en 1706 à Bériel, dans le diocèse de Cornouailles en Bretagne, vint s'établir à Kamouraska comme marchand. Marié au Cap Saint-Ignace avec Louise Bernier, il mourut en 1736, à Kamouraska. Si l'on veut remonter plus loin encore, à cette époque où les chevaliers se faisaient croisés, le même cahier précieusement conservé permettra de satisfaire cette curiosité, car il contient des documents historiques puisés à la bibliothèque nationale de Paris, par l'abbé Jules Kirouac:

Extrait de Guérin de la Grasserie 7-vol. de l'Armorial de Bretagne, Bibliothèque nationale de Paris:

Paul François-Xavier de Kérouac ou Kérouartz, seigneur du dit lieu, paroisse de Lennilis (...)

Arrêt de la Réformation de Louis XIV le 11 mai 1669:

La maison de Kérouartz, l'une des plus anciennes des évêchés de Léon est connue depuis l'an 1100. Macé de Kérouartz suivit saint Louis à la 7ème Croisade en 1248. La généalogie articulée remonte à

Hervé de Kérouartz qui épouse en 1390 Jeanne le Barbu ou Barhu (...)

Autre document extrait du nobilaire de Bretagne:

Kérouartz ou Kerouars, seigneur du dit lieu, de la Motte, de Guermarh, de la Basseville, déclaré noble d'ancienne extraction, employé au rôle de la juridiction royale de St-Renan. Les armes sont:
Porte d'argent à la roue de sable accompagnée de 3 croisettes, 2 en chef, 1 en pointe. Devise: Tout en l'honneur de Dieu.

En se rappelant sa famille, le frère souligne son caractère exceptionnellement chrétien. Les Kirouac eurent tous de nombreux enfants. Chez lui, ils auraient été dix mais, si les cinq filles étaient bien vivantes, des cinq garçons Conrad fut le seul à survivre et combien difficilement.

Son père était un homme intelligent et instruit, alors que sa mère, intelligente aussi, n'avait reçu qu'une instruction élémentaire et en souffrait. Mais elle était belle, tendre, douce et patiente, et le frère ne se rappelle dans ses paroles et dans son comportement rien qui fût répréhensible; il la vénère donc à l'égal d'une véritable sainte.

Comme ses soeurs étaient pensionnaires durant l'année et lui, chez ses grands-parents durant les vacances, il n'eut pas l'occasion de les bien connaître avant son entrée en communauté.

Le journal du frère, daté du 3 avril 1905, décrit ce que fut son enfance dans cette famille privilégiée:

Je reçus l'existence de ma sainte mère, le 3 avril 1885; c'était, m'a-t-on dit le Vendredi-Saint, à trois heures de l'après-midi. Combien de fois m'a-t-on répété que, à cause de cela, je ferais un saint ou un scélérat! Le nom de Conrad que je reçus alors est bien un nom exotique, et accouplé avec celui de Kirouac, que nous tenons des marquis de Kérouac, il a un caractère tout spécial...

J'ai peu de souvenirs de ma tendre enfance et des voyages que j'ai faits tout jeune. Mes réminiscences un peu claires datent de 1890. Nous demeurions alors à Saint-Sauveur, en face de Notre-Dame-de-Lourdes. La maladie dangereuse d'Adelcie, l'escapade par laquelle nous avions failli mettre le feu à la maison, mes innocentes amitiés avec la petite Bacon, Mlle Morin, la sympathique institutrice que nous aimions tant.

Puis, c'est Saint-Roch, et après, notre installation définitive dans notre belle propriété de Saint-Sauveur. C'est là que se sont écoulées dix années douces, heureuses, comme des rayons de soleil. Cette chère demeure était en briques, avec deux *bow-windows* et un balcon surmonté d'une tourelle. En arrière, un jardin qui jetait des notes vertes sur le rouge des briques et le gris des hautes clôtures. Des arbres que j'avais vu planter, l'ombrageaient déjà et donnaient l'illusion d'un coin de campagne.

Je commençai alors à connaître les frères qui ne m'ont pas quitté depuis. Peu à peu la famille s'augmentait: Blanche, Léonidas, Raoul, Bernadette étaient venus faire nombre. Le bon Dieu hélas rappela à lui les quatre garçons qu'il avait accordés à maman et ne lui laissa que moi. Ici se place la figure d'Emma Côté que nous n'avons jamais voulu appeler que Marie. Servante dévouée, elle nous a servis avec un soin de mère durant neuf années. Durant le voyage en Europe de nos parents (1900), c'est chez elle que je me cantonnai. Elle était un peu rude, mais quel coeur, quelle sincère piété; c'est elle qui me faisait lever avec les poules pour l'accompagner à la première messe. Je lui conserve un souvenir ému.

Je grandissais. Petit à petit j'avais passé toutes les classes de Saint-Sauveur où mon dernier professeur fut le Frère Patricius que Dieu a rappelé à lui. J'avais à peine treize ans quand j'entrai à «l'Académie».

Les trois années que j'ai passées là comptent parmi les plus belles de ma vie. Entouré de l'affection de mes parents et soeurettes, plein de goût pour l'étude et la lecture, c'est là que mon intelligence s'est ouverte sur l'horizon infini du savoir, que mon coeur a commencé à sentir et que de jeunes passions ont fait battre mon coeur plus fort.

À chaque vacance je prenais mon vol vers Arthabaska qui me fournissait tout ce qui manquait à mon bonheur: du soleil, de la verdure, de l'eau et des truites...

En plus des trois filles nommées dans cet extrait, Marie-Victorin a deux autres soeurs: Eudora et Laura qui l'accompagneront à Cuba en 1938, Blanche qui épousera Monsieur Arthur Drolet, et Bernadette, Monsieur Albert Maranda. C'est donc dans ce milieu choisi que Marie-Victorin voit le jour et reçoit, de sa première formation, les fortes impressions qui marquent un être pour la vie. D'après une cousine du Frère Marie-Victorin, Soeur Cécile Kirouac, R.J.M., deux rues de Québec rappellent le souvenir de cette grande famille: la rue Kirouac, en l'honneur du grand-père François, et le boulevard Saint-Cyrille, en l'honneur du père, actionnaire d'une compagnie propriétaire des terrains du secteur Clairefontaine vers l'ouest.

Madame Kirouac, née Philomène Luneau, meurt la première en 1913. Les rares fois qu'elle lui a écrit, le frère en a éprouvé de la joie:

J'ai reçu une lettre écrite de la main de maman. Ç'a été pour moi un petit bonheur à part, car c'est si rare. Elle ne devrait pourtant pas se priver ainsi pour une simple question d'orthographe; elle a tant de coeur, la douce créature, que son style est très agréable et tout à fait naturel. (1905)[9]

Monsieur Kirouac la suit, huit ans plus tard, à cinquante-huit ans. Le Soleil du 27 octobre 1921 transmet l'éloge funèbre que le Frère Marie-Victorin écrit à cette occasion:

Non! Je ne laisserai pas à une plume distante ou mercenaire le soin de dire le mot suprême à cet homme de bien que fut mon père et que Dieu vient de rappeler à lui, le touchant en pleine force et en plein bonheur.

Tous ceux qui, l'ayant connu, avaient aussi connu son père l'ont caractérisé d'un mot tout simple mais qui est un suprême éloge: c'était le digne fils du chevalier François Kirouac. Et cela réveille tout un passé déjà lointain, découvrant à nouveau la figure d'un grand citoyen que tout le Québec d'hier a connu et admiré et auquel tant d'oeuvres doivent leur existence et leur durée. Il s'en est allé à l'heure que Dieu avait marquée pour lui. Il avait aimé quatre choses en ce monde: Dieu, l'Église, sa famille et les fleurs.

Monsieur Kirouac avait en effet un grand jardin à l'Ancienne Lorette et, son goût de la nature, Marie-Victorin le tient de lui. S'il confiait son jardin à un spécialiste, il s'y intéressait beaucoup personnellement et faisait venir des catalogues pour se renseigner. Trois ans après sa mort, Marie-Victorin se rend à cette villa Ploërmel; il y est attendu et Rolland-Germain en reçoit la confidence le 27 mai 1924: «Je suis allé ouvrir la maison de Lorette la semaine dernière. Comme j'ai été ému en retrouvant oubliés sur le mur quelques souvenirs de ce cher papa: ses pipes, son lorgnon, etc.»

Fils unique, il a également la pénible tâche de vendre la maison de commerce de son père; il recommande cette affaire au Frère Rolland-Germain:

Ah! mon cher Rolland, comme j'ai besoin de vos bonnes prières pour tenir tête aux difficultés qui m'assaillent depuis la mort de mon cher père. (...) Le 16, je serai à Québec pour vendre la maison F. Kirouac et Fils; il s'agit d'une transaction qui doit donner entre 400 000 $ et 500 000 $; les vautours sont nombreux; on se flatte de venir à bout en un tour de main du pauvre frère ignorant des affaires.[132]

L'affection qu'il ressent pour ses parents, Marie-Victorin la porte également à ses soeurs et en particulier à Adelcie son aînée, qui a quitté les siens et sacrifié un amour humain pour se consacrer à Jésus-Christ, dans une communauté enseignante. Le frère a une grande admiration pour elle:

> Je pense souvent à Marie-des-Anges; j'espère qu'elle prie pour moi le bon Maître qu'elle aime tant et d'un amour si fort. Je demande sans cesse à Jésus de la faire de plus en plus sainte afin de sanctifier son frère par «influence téléphatique». (1905)[9]

Les lettres de Marie-des-Anges, du moins, ont une certaine influence sur le frère: «Grand événement! Un acte de mortification ce matin. Vraiment quand je lis une lettre d'Adelcie dont les lignes respirent sacrifice et renoncement, je sens ma faiblesse, ma lâcheté et... j'ai honte.»[9]

L'admiration que Marie-des-Anges inspire à Marie-Victorin, d'autres personnes l'éprouvent également: l'éloge que Mère Sainte-Agnès faisait de son intelligence, elle l'étend à son âme et à son coeur:

> Celle que Mgr Parent appelait 'la grande Mère Marie-des-Anges' l'était en effet par l'âme, le coeur et l'intelligence.
>
> Son âme débordante de l'amour de Dieu se révélait dans toute son action. Lettres, entretiens particuliers avec ses élèves, lectures spirituelles dialoguées, mots d'ordre, brèves exhortations qui entraînaient les volontés les plus récalcitrantes, tout portait la marque de cet amour.
>
> Son coeur était sensible mais fort. Elle le donnait à volonté pour le bien de celles qu'elle préparait à faire face à l'avenir.[129]

Ne voulant pas séparer ceux que la grâce d'un même idéal a unis dans le Christ, elle ajoute:

Le frère de la 'grande Mère Marie-des-Anges' évoluait dans un univers différent, mais il possédait la même grandeur d'âme, de coeur et d'intelligence. On les sentait très près l'un de l'autre.[129]

Le Frère Marie-Victorin priera beaucoup pour la vocation religieuse de Laura qui entrera chez les Soeurs de Jésus-Marie de Sillery, comme son aînée, mais en sortira pour répondre à un autre appel et suivre un autre attrait: elle épousera Monsieur Flavius Lebel et aura un fils prêtre, Gontran. Le frère, invité à prononcer l'allocution à l'occasion de la première messe de son neveu, sent qu'il va occuper la place de son père disparu:

C'est lui qui devrait être ici. Il serait si heureux, lui qui avait tant désiré avoir un prêtre dans sa famille. (...)

Mais à vingt ans de distance Dieu l'a exaucé. Son prêtre, il est ici. (...) Mon cher neveu, le monde enfante dans la douleur un ordre nouveau, et le prêtre de ta génération va avoir la redoutable mission de régénérer un christianisme qui s'affadissait. Ce sera au prix des larmes et du sang que s'opérera cette régénération.

Je pense qu'il est fini le temps où le prêtre canadien, béni et honoré de tous, était un petit roi dans une paroisse rurale qui ignorait le bruit que fait le vaste monde. Les prêtres de ta génération seront des 'sac-au-dos'!

Nos âmes modernes se troublent devant la confrontation du riche héritage venu des âges chrétiens, et de la révélation en un court siècle, d'une perspective effarante de profondeur: la science et tout ce qu'elle traîne après elle de bienfaits et d'horreurs. Le prêtre de demain devra être à la fois François Bacon et François d'Assise, réunir en la forte matrice de son âme les deux sagesses, afin que de cette puissante fécondation naisse le salut dans la communion totale avec l'infini.[133]

Quand sa famille vient le voir à Montréal, le Frère Marie-Victorin la reçoit à l'hôtel Pennsylvanie où il lui réserve un salon. Il lui reste attaché et la fréquente jusqu'à la fin:

> J'ai pris à coeur de m'occuper de Bernadette et de sa famille. Je les visite souvent, allant passer une petite demi-heure avec eux le soir après souper. Ils ne vont pas mal. La petite Thérèse surtout donne bien des consolations à ses parents: c'est une bonne élève brillante et qui est déjà très avancée dans son cours. L'an prochain je verrai, si possible, à la faire continuer.
>
> Je suis aussi Robert et Raymonde. Ce sont deux bons enfants, crois-le. Malgré le milieu où Raymonde se trouve placée, je n'ai pas trop d'inquiétudes parce qu'elle a une certaine défense personnelle. Nous nous écrivons régulièrement et j'en profite pour lui donner paternellement quelques bons conseils. Elle aime beaucoup à ne pas être traitée en enfant et je m'organise en conséquence.[134]

L'été, il va, environ tous les quinze jours, chez l'une ou l'autre de ses soeurs, Blanche ou Eudora, à l'Ancienne Lorette et s'annonce souvent à la dernière minute, ce qui cause un certain émoi, car il est toujours accompagné d'amis. Ensemble, ils herborisent toute la journée dans la région et reviennent le soir à La Volière où ils installent des lumières et classent leurs prises. Il étudie la Sarracénie au lac des Roches, près de Québec et découvre une nouvelle variété de Gentiane bleue à Cap Rouge; fasciné, il passe une nuit à la regarder s'ouvrir. Le frère communique à ses neveux et à ses nièces, comme à tous ceux qu'il rencontre, le goût des choses de la nature. Madeleine et Maurice Drolet accompagnent souvent leur oncle qui se met à leur portée. «Fais le tour de ton jardin, dit-il, rien que là-dedans, tu as un livre.» À Monique, il dit: «Je rêve pour toi de grandes choses dont je te parlerai plus tard.» Cécile, la plus jeune, qui gardera dans son souvenir le côté chaleureux de la personnalité de son oncle, se demande ce qui se cache derrière le regard scrutateur qu'il pose sur elle à la dérobée. À tous, il sait communiquer son goût de la découverte et du voyage. Il ne manque pas non plus d'aller rendre visite à Adelcie. Mère Sainte-Agnès en témoigne: «Quand s'annonçait une conférence du frère quelque part, Mère Marie-des-Anges lui lançait une invitation et jamais il ne refusait ce qu'il appelait la sillerisation de ses conférences.»

Ce profond attachement aux siens, Marie-Victorin le tient de ses parents et de ses grands-parents. Ces éducateurs naturels avaient su également communiquer à leurs descendants d'autres valeurs tradionnelles qui ont orienté leur vie et lui ont donné un sens. Chacun a vécu ces valeurs avec sa personnalité, son tempérament; ceci nous apparaît plus évident encore chez le Frère Marie-Victorin qui nous est mieux connu, grâce à ses propres écrits, abondamment cités dans les chapitres précédents. Cette même source permettra de pénétrer plus profondément encore l'âme de cet illustre et digne descendant des marquis de Kérouartz.

3

UN ESPRIT PUISSANT
DANS UNE ENVELOPPE FRAGILE

Seul survivant des garçons de sa famille, Marie-Victorin l'est «difficilement», comme il le dit lui-même. Tout jeune, on l'envoie passer les mois d'été à la campagne pour refaire sa santé. Admis au noviciat, il doit accepter une besogne allégée dès la première année à Saint-Jérôme, et enfin quitter Saint-Léon de Westmount pour cause de maladie. Par la suite, il doit s'astreindre à un traitement hebdomadaire à l'infirmerie du Mont-de-La-Salle. Dès 1907, il ne conserve plus l'espoir d'une guérison complète et définitive: «Il me semble que le bon Dieu veut me tenir ainsi toute ma vie dans une impuissance relative. *Fiat!*» (1907)[9]

Après des hémorragies répétées et des crachements de sang pendant une dizaine de jours, au début de 1908, il reçoit les derniers sacrements: «J'étais prêt pour le grand voyage et j'aurais été heureux de partir (...); la perspective d'une vie inutile ne me sourit nullement.» (1908)[9]

Il ne sait trop à quoi s'en tenir et il semble qu'il en soit ainsi des médecins:

> On peut être prêt à mourir, content même; mais ces fluctuations perpétuelles des «princes de la science» qui nous invitent à bâtir des châteaux de cartes que, d'un revers de la main, ils renversent le jour suivant, peuvent énerver n'importe qui. (1908)[9]

Au cours des années, les malaises se multiplieront en se diversifiant:

> c'est le coeur qui est malade et qu'il faut soigner. (1908)[9]

> pris par tous les bouts: tête, poumons, estomac. (1910)[9]

> depuis hier je suis encore en crise de dépression nerveuse.[135]

> Je passe un mauvais hiver, mangé par les clous et des anthrax. J'ai déjà énormément souffert et je me demande quand cela finira.[136]

Ces constantes indispositions affectent son moral, à la longue: «Pendant deux jours, j'ai eu en tout cinq ou six hémorragies. (...) Ces accidents n'ont plus le don de m'effrayer, ils ont simplement celui de m'ennuyer et de me couper les ailes.» (1908)[9]

Cependant il ne tentera pas d'obtenir un sort meilleur et sa soumission à la volonté de Dieu est admirable:

> Le Frère Directeur veut absolument que je demande au bon Maître une santé robuste. Je n'ose presque plus. Il m'a déjà signifié tant de fois par la maladie que c'est ainsi qu'il me veut! Donc, soyons malades A.M.D.G. (*ad majorem Dei gloriam*) (1908)[9]

Il semble d'ailleurs comprendre sinon la cause du moins le sens de sa maladie:

Ah si on avait un peu de santé! ... Comme on en abuserait! ... (1908)[9]

Sans être sorcier, il m'est facile de comprendre que, n'était cette faiblesse de santé qui me retient, je me lancerais dans une foule d'entreprises dont la résultante pourrait être désavantageuse au soin de mon âme. (1908)[9]

S'il redoute l'activisme plus que la maladie, les sacrifices que celle-ci entraîne sont orientés vers une fin apostolique:

J'ai dû faire le sacrifice de ne pas assister au Congrès à Québec. (...) C'est la volonté de Dieu et d'ailleurs il n'est pas inutile que je souffre un peu de ce côté-là. Que valent les oeuvres où il n'y a rien à souffrir. (1908)[9]

Par ailleurs, cette maladie n'est-elle pas à l'origine de sa vocation de botaniste:

Mes rêves d'avenir qui, dans leur ampleur, réclamaient une forte santé, ont été brisés. D'un autre côté, la nouvelle vie que j'ai dû mener, vie de soins et de grand air, a fait de moi un naturaliste et m'a permis de me livrer à des études qui autrement me seraient restées étrangères. Et comme Linné, j'ai vu Dieu dans ses oeuvres; je me suis passionné pour elles — innocente passion que Dieu me pardonnera —. Pour toutes ses bontés je remercie le bon Maître... Je crois fermement que c'est dans sa miséricorde que Jésus m'a enlevé la santé... pourquoi lui demander de me la rendre? (1908)[9]

Ainsi acceptera-t-il cette situation contre laquelle les médecins pas plus que lui ne peuvent rien; et pourquoi ne pas y mettre une pointe d'humour? Il écrira au Frère Rolland-Germain, le 22 octobre 1915:

Ensemble soumettons-nous à la volonté de Celui qui veut que nous soyons toute notre vie des éclopés. Espérons qu'au ciel on nous retapera et que nous pourrons figurer aussi bien que les autres dans le régiment de saint Pierre.

Cependant, en 1939, lors de son premier voyage à Cuba, il est dans un état dépressif et sa soeur Eudora qui l'accompagne remarque qu'il pleure souvent.

Les habitudes de vie du frère se ressentent de ses dispositions physiques. Ainsi, pour faciliter sa respiration, il dort assis dans son lit, appuyé sur quatre oreillers; mais il dort mal et ses nuits sont brèves. Il boit beaucoup de café noir; quand il part en excursion, il s'en fait préparer un thermos dans lequel ses soeurs attentionnées ajoutent du cognac pour stimuler son coeur. Mais il est très frugal et il taquine celles qui se donnent du mal pour lui préparer de bons petits plats: le repas est pour lui un prétexte à une conversation intéressante plutôt qu'un but en soi. Il voyage toujours en automobile, sauf quand il ne peut faire autrement, et le chauffeur ne va jamais assez vite pour lui: «C'est encore en auto, la tête tournée vers l'est qu'il échappe le mieux à l'impression d'étouffement. Ses amis déposent une chaufferette sous ses pieds les jours humides»[137] car il souffre du froid.

Cet homme très attaché à sa communauté et à l'habit religieux, qui dit en se couvrant la tête: «cette calotte qui m'honore», voyage en clergyman et demande à sa soeur, Mère Marie-des-Anges qui aimerait mieux le voir en soutane, «Préfères-tu me voir en complet ou ne pas me voir du tout?» Mais il n'y met aucune coquetterie, bien au contraire, et ses soeurs sont parfois gênées de sa tenue peu soignée. Pour lui l'essentiel n'est ni dans le manger ni dans le vêtir. De même, il est très distrait et oublie bien des choses qu'il considère comme secondaires, par exemple l'heure (il ne porte pas de montre): à l'Ancienne Lorette, ses soeurs ne peuvent jamais prévoir l'heure du souper, car l'important pour lui consiste d'abord à mettre les plantes sous presse avant que ne tombe la nuit.

Ce conférencier hors pair a un léger défaut: si, dans ses conférences ou ses cours, sa parole coule de source, en conversation par contre il bégaie légèrement. Pierre Dansereau souligne le soin avec lequel il prépare ses discours: «J'ai vu un texte qu'il avait scandé. Avec le pittoresque de son langage, sa fluidité d'expression, sa facilité de parole, il s'astreignait quand même à cette discipline.»

Malgré tout, il a la prestance «d'un grand bourgeois»; ainsi le voit Louis-Philippe Audet «dans le sens qu'on applique bourgeois à François Mauriac, par exemple». En 1942, cet ancien confrère, demeuré un grand ami, fait de son maître la description physique suivante:

> D'une taille au-dessus de la moyenne, il n'est cependant pas le géant aux larges mains et aux bras vigoureux que voudrait Robert Rumilly. Ses doigts, habitués à palper les pétales de fleurs et à cueillir les herbes de la prairie ont une délicatesse de fée. D'une constitution très fragile, malgré les apparences contraires, et ayant été longtemps malade, il est fort sensible aux brusques changements de température de nos printemps et de nos hivers canadiens. La bure noire, le rabat blanc et la petite calotte du Frère des Écoles chrétiennes lui donnent un air d'austérité qui impose le respect. Il a ajourd'hui les cheveux gris, clairsemés, les yeux clairs, vifs et malicieux parfois, le nez fort, la bouche délicate et le front large. À le bien regarder, on sent que chez lui tout est subordonné à la pensée et que cette tête rectangulaire et vigoureuse est le foyer d'une vie intellectuelle intense.[138]

D'aucuns se laissent peut-être intimider par ce physique impressionnant. Pour Marcel Cailloux, il se dégage du frère, de prime abord, une certaine froideur: cet homme grand regarde d'un peu haut et, au premier contact, il gêne les gens... mais cette gêne tombe vite. Marcel Cailloux serait sans doute d'accord pour ajouter avec Louis-Philippe Audet que ce qu'il reconnaît comme ses qualités humaines fantastiques font de lui un homme attachant. «C'est un homme docte et modeste, impressionnant et doux», écrit de lui Louis Francoeur.[19] Il n'est cependant pas facile de cerner la vraie personnalité du Frère Marie-Victorin. Les témoignages de ceux qui ont vécu à ses côtés sont parfois en contradiction avec ce qu'il nous dévoile dans son journal ou dans sa correspondance. Ainsi, les Frères Alexandre et Narcisse-Denis font de lui un homme «essentiellement optimiste», «au-dessus des contingences», et Jules Brunel écrira à son sujet, en 1928:

> Un homme au coeur d'or et au cerveau puissant, qui n'a jamais connu l'égoïsme, ce vice de tant d'hommes, ni la fatigue de vivre, ni le découragement, cette faiblesse de tous ceux qu'un insuccès ou un déboire abat et désarçonne à jamais.[84]

Pourtant son *Miroir* nous révèle un homme d'humeur changeante, capable d'enthousiasme, mais aussi, trop souvent peut-être, porté à la dépression: ce n'est pas cependant au point d'empêcher que l'humour se mêle parfois à l'analyse de l'image que lui renvoie son journal:

> Curieux! Il y a quelques jours (...) je me demandais s'il y avait ici-bas quelqu'un de plus heureux que moi. Et aujourd'hui, me voilà les quatre fers en l'air. (1910)[9]

> Bon Maître, éloignez de moi et l'utopie et la désespérance. (1909)[9]

> Comme je me vendrais à bon marché aujourd'hui. J'ai presque envie de rire en me contemplant le moral; c'est si drôle... Je suis affaissé, lourd, dégoûté de tout et surtout de moi-même et pourquoi? Tout simplement parce qu'il fait sombre, que j'ai cueilli une ou deux opinions en croix avec les miennes et que... enfin on ne sait trop. (1908)[9]

> Je suis *so so,* pas très courageux, un peu paresseux même. Je ne sais trop ce que le bon Dieu peut penser de moi. (1907)[9]

> Je souffre un peu moralement depuis deux ou trois jours, des ennuis venant de divers côtés, peu de choses en somme, mais quand on n'a pas de vertu! (1908)[9]

Quelqu'un a dit qu'un paysage est un état d'âme ...
mais un état d'âme est-il un paysage? ... Je serais
anxieux d'en voir l'esquisse! Je suis désespérément
sec, mon enthousiasme d'antan s'émousse sous la
lime lente mais sûre de la routine. (1905)[9]

Oui, la routine, caractérisée par l'absence momentanée de
vie autour de lui, peut-être aussi, d'un défi à relever, car le
frère est un homme d'action; nous l'imaginons bien, mais
Jules Brunel le confirme: «Un homme acharné au travail, et
pour qui les minutes ont plus de valeur que les heures pour
bien d'autres.»[84]

Il se laisse captiver par ce travail au point, bien souvent,
d'en oublier l'heure et d'être en retard pour les offices. Pourtant, il n'en est pas toujours ainsi: «Je suis dans un curieux
état moral: pensant rarement à Jésus, ne travaillant pas beaucoup, perdant beaucoup de temps, triste menu!...» (1905)[9]

La raison? Il la connaît bien et il attribue ce comportement
à son inconstance; une autre hypothèse, plus plausible, peut-
être, serait l'état alternativement bon ou mauvais de sa santé.
Mais, avec les années, il trouve le moyen de mieux planifier
ses activités; il peut même conseiller les autres, en l'occur-
rence, le Frère Rolland-Germain:

Avez-vous réussi à mettre de côté une heure par
jour que vous pourrez consacrer à ce travail? Vous
savez que cela est absolument nécessaire pour arriver. Autrement, le temps passe comme l'ombre, j'en
ai l'expérience cuisante.[139]

La graphologie est aujourd'hui reconnue comme science et
des gens sérieux l'utilisent avec bonheur. Dans le cas du frère,
elle confirme ces quelques extraits allant même un peu plus
loin. En effet, une analyse générale de l'écriture du Frère
Marie-Victorin effectuée par une graphologue de Québec,
Madame Monique Bouchard, souligne les traits suivants:

Émotions retenues. La prudence et la discrétion
l'empêchent de montrer ses sentiments, les autres
sont incapables de le connaître à fond. Pessi-

misme. Manque de confiance en lui-même, en ses capacités, ou manque d'endurance pour y travailler longtemps. Arrêté parfois par un obstacle, mais revient avec un élan nouveau.[140]

La vertu, qu'il ne semble pas vouloir s'attribuer, expliquerait que ses confrères ne soient pas témoins de ses moments de découragement. Vertu ou, comme le souligne l'analyse graphologique, désir de protéger son image ou plus exactement peut-être, une certaine pudeur.

Par contre, l'unanimité se fait concernant son humour, qu'il est assez facile de retracer dans ses lettres, particulièrement dans celles destinées à Adelcie, qu'il aime souvent taquiner:

> Mardi, il faut que j'aille manger un sandwich avec Georges et sa femme. Par conséquent, lundi, je me frise.[141]

> Bénis souvenirs familiaux et religieux, mais appel du temps qui passe et nous emporte dans le tourbillon des riens. (...) Ma chère, le passé et toi, une association d'idées maintenant! Ça ne te froisse pas?[142]

> Pan! dans l'oeil! Je me disais en voyant le panache de tes majuscules sur l'enveloppe: elle a besoin de quelque chose. J'ouvre et je lis: «Ne crois pas que j'ai besoin de quelque chose».[143]

> Merci pour la bonne lettre et tes souhaits. Je les enregistre avec ceux des autres en pensant que si tout cela se réalisait nous serions les plus gras, les plus fins, les plus heureux et les plus saints des mortels.[144]

> Tous les couvents 'bien' ont déjà leur Cercle de Jeunes Naturalistes. Pique ça sur ton corsage.[145]

> Je te remercie des bons souhaits que tu formes pour ton petit frère. (...) J'ai le coeur assez bien placé pour te les retourner tels quels, ne pouvant rien te vouloir de mieux que ce que tu complotes pour moi.[146]

Et bientôt ce sera le soir. Nous déposerons la charrue et regarderons extravaguer les plus jeunes que nous.[146]

Je reçois ta bonne lettre tout imprégnée de Sillery-centrisme comme à l'ordinaire. Touchant esprit de famille![147]

En vol: à 11 000 pi au-dessus des Rocheuses. Mon meilleur souvenir à tous ceux qui se traînent à plat ventre sur le sol! Vitesse: 180 milles à l'heure.[148]

Dans le monde tel qu'il est, il est absolument inutile d'avoir raison: il faut surtout avoir des rouleaux à vapeur pour passer sur le dos des agresseurs.[149]

J'ai bien regretté que notre vénéré cardinal se soit déclaré si catégoriquement avec les nombreux ennemis de votre 'secte'. Moi je n'aurais pas fait cela; je pense — mais c'est probablement une idée trop avancée — que les femmes ont une âme à peu près comme les hommes, et qu'elles ont peut-être assez d'intelligence pour voter à condition d'être bien éclairées par les discours des messieurs. Étant donné les moeurs bien connues de la 'secte', je suis certain qu'elles voteraient toujours pour le plus joli candidat!!! Et je pense que cela n'irait pas plus mal que ça va là! Homme pour homme, insignifiant pour insignifiant, pourquoi ne pas prendre le plus joli. Tu vois que je traite sérieusement cette fondamentale question du vote féminin! Mais, pour parler sérieusement, cela ne serait pas drôle si cette question renversait le gouvernement. Ce serait bien terrible pour notre moitié de l'humanité. Peut-être la première victoire que vous aurez remportée dans cette vallée de larmes, depuis que vous avez réussi à foutre Adam hors du paradis terrestre.[150]

Au fond nous sommes des enfants comme les autres; toutes tes anciennes élèves s'amusent avec des chiffons; mes anciens élèves s'amusent avec des dulcinées; tu t'amuses avec tes entreprises, je m'amuse avec les miennes. Qu'est-ce que le Créateur pense de tout cela? Je voudrais bien le savoir![151]

J'ai rencontré J. B... et sa femme qui arrivaient de Sillery où ils sont allés te confier leur trésor. Je plains ce pauvre B... qui est allé se jeter dans le coeur de la louve. Son budget n'en sortira pas indemne. Si tu veux mon conseil, (...) soigne-le bien. Il est très accessible aux bons traitements et peut-être aux bons traitements à la manière des couvents: petites adresses canailles, jeux d'encensoir, le tout servi chaud et répété souvent.[152]

Je viens de passer une heure avec mon médecin et il est toujours émerveillé de voir comment un mort peut vivre. Mais tu comprends que cette plaisanterie va finir un jour.[153]

Le Frère Marie-Victorin est un pince-sans-rire; s'il ne rit pas beaucoup lui-même, il aime cependant entendre des histoires et en raconter, surtout à son beau-frère Monsieur Drolet, un peu plus prude qu'il aimerait et que ses réactions amusent.

En général, les comiques ont une âme très sensible. «Le Frère Marie-Victorin, atteste le Frère Alexandre Blouin, avait l'âme de quelqu'un qui admire tout ce qui est beau et grand, reflet de la beauté divine: il vivait de cela», et d'après Soeur Agnès, il avait un coeur trop sensible pour ne pas voir dans la nature autre chose qu'une science, par exemple la beauté, l'amour. Louis-Philippe Audet décrit cette âme aux riches facettes:

Merveilleusement doué au point de vue intellectuel, le Frère Marie-Victorin ne saurait être classé parmi ces savants austères chez qui les ratiocinations ont desséché le coeur. Nature sensible, comme on peut s'en rendre compte en relisant les *Récits laurentiens,* il n'est pas le maître sévère et distant comme on imagine souvent que sont les savants authentiques. De nombreuses années consacrées à l'enseignement l'ont convaincu que la confiance et la sympathie sont de puissants facteurs d'éducation. Il a cru au dynamisme de l'amitié qui parfume la vie, en répandant un peu de poésie sur les jours de grisaille. Sa forte personnalité, sa politesse exquise, sa discrétion, ses relations nombreuses lui ont attiré des sympathies précieuses dans les milieux les plus divers. Tous ceux qui ont voulu miser sur son affection ont toujours trouvé en lui le plus désintéressé et le plus franc des conseillers, prêt à obliger, dût-il pour cela, sacrifier son temps et son repos.

Au premier rang de ses grandes amitiés, il faut signaler la congrégation religieuse dont il fait partie et sur laquelle il projette un éclat remarquable. Son attachement, disons mieux, son amour pour cet Institut est profond et sincère.[154]

Ce frère très humain était un bien bon vivant, toujours joyeux, de bonne humeur, d'après le Frère Alexandre Blouin, jamais en colère, qui ne parlait jamais en mal de qui que ce soit, au point que c'était un plaisir de vivre avec lui et de travailler avec lui. Jules Brunel ne l'a jamais vu manifester d'antipathie ni d'agressivité. Par contre, le frère reconnaît dans son journal devoir lutter contre sa susceptibilité: «J'achève ma retraite sans avoir encore pensé à donner un coup de talon à cet orgueil de susceptibilité qui fait que je perds facilement la paix du coeur dans le frottement journalier avec tous.» (1906)[9]

Parfois Dieu permet à des natures très riches de conserver un défaut pour les garder dans l'humilité; les efforts qu'elles font et le repentir qu'elles ont de leurs chutes et de leurs faiblesses lui sont souvent plus agréables que la pratique de la vertu contraire: «Pas grand nouveau! il n'y a que ma sensibilité qui s'affirme chaque jour. Dieu le veut sans doute ainsi pour me faire souffrir.» (1907)[9] Car l'épreuve a souvent pour but d'affiner le caractère comme l'or au creuset. «Mon impatience est encore dans les frais... quelques victoires aujourd'hui.» (1903)[9]

Il faut croire que le frère est un juge assez sévère pour lui-même, puisque ses proches ne se rendent pas tellement compte des efforts qu'il doit déployer. Mais il faut probablement croire également ces efforts nécessaires et y voir le fruit d'un idéal élevé. Le frère voudrait considérer ses motivations avec plus de lucidité et réaliser cet idéal avec une plus juste conception de ses possibilités et de ce que Dieu attend de lui dans les rangs des Frères des Écoles chrétiennes:

> Le récit des grandes actions, des dévouements aux nobles causes m'enflamme, et tout de suite je me vois transporté bien loin de mon froc, et espérant un bien que je ne suis pas appelé à faire... Oui il m'en coûte toujours... est-ce orgueil?... de n'être qu'une unité dans ces pléiades d'âmes généreuses qui consacrent leur être à 'la Cause'. (1904)[9]

> Ô mon Jésus (...) Si mon idéal est exagéré, ramenez-moi sur cette terre, s'il n'est que juste et s'il est encore au-dessous de celui qui devrait éclairer ma vie, faites ô mon Jésus que l'injustice, l'intrigue, la vulgarité et le terre à terre ne règnent pas éternellement. (1908)[9]

Les obstacles ne manquent jamais à celui qui veut monter et, bien souvent, ils viennent de l'entourage immédiat: parfois limité lui-même dans ses moyens, ce dernier voit d'un mauvais oeil celui qui, plus doué, ne voudrait pas «cacher la lampe sous le boisseau»: «Je serais coupable de ne pas faire fructifier les talents que la bonté de Dieu m'a départis.» (1903)[9]

Le frère sent toutefois qu'il doit être vigilant pour ne pas s'enorgueillir de ses succès:

> Au point de vue intellectuel, le succès me sourit trop peut-être. (1917)[9]

> Je reçois aujourd'hui une lettre du Frère Palasis qui me fait un énorme plaisir... pensez donc quatre pages... mais il y a trop d'encens là-dedans! Je m'en décerne assez à moi-même sans que d'autres m'y aident. (1904)[9]

Mon Jésus, faites-moi la grâce de travailler uniquement pour le bien des âmes et de mépriser ces vulgaires bêtises qu'on nomme les compliments.[9]

La réponse ne se fait pas attendre; le frère la connaît même déjà: «...toutes les fois que je commence à être content de moi, ce bon Maître me ramène à l'humilité.» (1903)[9]

Mais la vraie grandeur ne «s'enfle pas d'orgueil» et les témoins attestent que Marie-Victorin «ne cultivait pas sa popularité», «n'a jamais cherché la gloire pour lui-même, n'a jamais écrasé pour se faire valoir.» Le meilleur témoignage vient de son plus proche collaborateur, Jules Brunel:

Un homme qui n'est jamais plus heureux que lorsqu'il peut rendre service à ses étudiants et à ses collaborateurs, ennemi de toutes les étroitesses d'esprit, ennemi du bonzisme de faculté, ennemi de la parade et de la mascarade, comme tous les vrais maîtres d'ailleurs, comme tous ceux qui ne craignent pas d'être questionnés, comme tous ceux dont la réputation ne repose pas sur un fond de sable ou d'argile.[84]

L'intelligence du Frère Marie-Victorin, que Louis-Philippe Audet qualifie d'extraordinairement vive, lui donne de la vie une vision large, ouverte, généreuse. Le Frère Narcisse-Denis affirme qu'il «en imposait par l'ampleur de ses visions». Il est ouvert aux idées nouvelles et ne met pas longtemps à faire sienne la thèse évolutionniste. Dans le domaine de l'éducation qui est le sien, il ne craint pas, en butte à l'incompréhension, d'utiliser et de proposer des méthodes nouvelles:

Le Frère Sous-Directeur est d'une humeur massacrante ces temps-ci et je vois clairement que ma manière d'agir avec les élèves lui déplaît. Pour que je la change, il faudrait que je fusse convaincu qu'elle est mauvaise tandis que je suis persuadé qu'elle n'est qu'opposée à son caractère. (1908)[9]

Le frère est également convaincu que les règles des communautés doivent être adaptées à la mission, au travail des religieux et des religieuses. Mère Marie-des-Anges n'est pas la dernière à connaître son opinion sur le sujet:

> Mais quand tu me parles de noviciat vide, de soeurs non préparées à l'enseignement, de maîtresses compétentes sur les nerfs, je comprends très bien tout cela. Nous avons des organisations impossibles. Et nous voulons lutter contre la nature et la logique, sous prétexte que Dieu est tout-puissant.
>
> Votre communauté a des règles d'ordre contemplatif, et elle fait de l'enseignement à tour de bras. Vos religieuses sont des martyres; je les ai admirées au cours des vacances comme martyres. Mais si elles sont admirables personnellement, le régime l'est moins. Avec tout cela, je crains bien que, si nous ne voulons pas mettre de l'eau dans notre vin, nous ne puissions résister dans le monde nouveau qui se fait sous nos yeux avec une rapidité fantastique. Nous l'aurons voulu.[155]

Cette adaptation des communautés religieuses aux conditions de vie qui prévalent aux différentes époques, il la désire aussi pour l'éducation de la jeunesse qu'il veut saine, vraie, libérée des tabous et des conventions, mais également chrétienne et sainte. Il déplore l'éducation puritaine que reçoivent les jeunes dans la plupart des familles, sans excepter la sienne. Ainsi, l'une de ses nièces, Madeleine Drolet, s'est vu refuser un voyage en Europe sous prétexte qu'elle y perdrait son âme. Les conseils de l'oncle Conrad à cette occasion sont sans doute un exemple de ceux qu'il doit donner à ses propres élèves:

> Tout d'abord, laisse-moi te dire que je comprends parfaitement tout ce qui se passe en toi. J'ai passé ma vie à observer les âmes, et à étudier la Vie. Ne crains rien. Je comprends mon ardente nièce et je l'aime comme cela sans désirer le moins du monde changer le fond de sa nature, et étouffer les manifestations qui ne sont que le rayonnement d'un corps en fleur, et d'une âme qui s'ouvre. (...) Je vais peut-

être te surprendre, mais sur le fond de la question, je suis entièrement de ton avis. Il n'est pas probable qu'une fois mariée tu puisses faire facilement un voyage en Europe. La vie étant ce qu'elle est, courte et souvent mauvaise, il faut prendre les joies quand elles passent. Ici, il ne s'agit pas seulement de joie, il s'agit de formation de l'intelligence. Tu es assez formée, je pense, pour profiter de ce voyage au maximum. Tu es assez instruite de la vie, je suppose, pour ne pas tomber dans les pièges de la route, et pour pouvoir voir sans danger certaines choses que les vieux pays étalent sur le trottoir. (...) Il ne faudrait pas que ce voyage mît de la division dans la famille, élevât une cloison d'inimitié entre toi et tes frères, entre toi et tes parents.

Je verrai ton père et ta mère ces jours-ci. (...) Si après avoir fait tous les efforts possibles pour obtenir l'autorisation de faire ce voyage, on juge à propos de ne pas te l'accorder, fais-en dignement le sacrifice sur l'autel du devoir, au bénéfice de la femme et de la mère que tu seras un jour.[156]

L'intervention ayant été heureuse, le frère se fait plus précis, révélant en même temps ce trait de caractère que la graphologie avait discerné: «personne autonome qui passe par-dessus les coutumes établies»[140]:

Je voudrais que tu reviennes de ces deux mois de course à travers un autre monde, plus sérieuse (s'il est possible), plus instruite et plus chrétienne. Tu verras beaucoup de choses, les unes bonnes, les autres mauvaises. Tu t'exerceras à les juger. (...) Tu verras les grands musées et leurs trésors. Tu seras étouffée par toute cette richesse. Ne t'offusque pas des nudités qui sont partout dans les vieux pays. Notre éducation n'est pas bien faite là-dessus. Le culte de la beauté est légitime et il faut qu'un homme, une femme intelligente ne confonde pas le mal et la nature. Habitue-toi à regarder toutes les choses que Dieu a faites avec de grands yeux candides d'enfant. (...) Même si tu as une idée d'ensemble des problèmes sexuels qui confrontent la plus humble femme, ne t'imagine pas que tu connaisses la Vie, l'Homme ni même la Femme. D'ailleurs ignorance n'est pas vertu, tu le sais bien. La vraie vertu, en ces matières, c'est comme je te l'ai dit tantôt, de regarder toutes choses avec des yeux candides d'enfant. C'est la direction que j'ai donnée à tous ceux et celles qui m'ont demandé aide et lumière pour la conduite de leur vie. (...)

Ma chère Madeleine, je viens de te donner un conseil et une direction assez larges pour pouvoir te dire maintenant autre chose. Tu es au seuil de la vie, ta santé va se remettre, et tu choisiras un état de vie, sans t'occuper des suggestions de droite et de gauche. Mais quel que soit cet état de vie, sois résolue à être une sainte. Cela signifie pour toi être pure à la façon logique et raisonnable indiquée plus haut, et à pratiquer toute ta vie une immense charité! C'est cela la sainteté, et rien d'autre chose. Loin des grimaces et de la ferblanterie des dévotionnettes.[157]

Ils sont nombreux ceux qui ont le privilège de recevoir les conseils judicieux de cet homme éclairé. Ses disciples oui, mais également ses collègues et ses confrères qui ne tarissent pas d'éloges à son sujet. Pierre Dansereau, pour sa part, exprime son admiration en ces termes: «Il incarnait le leadership universitaire.» Comment expliquer une telle admiration, en particulier de ses étudiants? Gérard Parizeau semble avoir trouvé la réponse: «Le Frère Marie-Victorin avait une grande honnêteté intellectuelle et un formidable dynamisme. C'est cela, je pense, qui attirait les jeunes vers lui.»[158]

Si «les voyages forment la jeunesse», les livres y sont bien pour quelque chose aussi. Louis-Philippe Audet souligne l'apport de la lecture dans la formation du Frère Marie-Victorin:

Doué d'une forte personnalité, d'une conscience professionnelle au-dessus de la moyenne, d'une intelligence extraordinairement vive, d'une mémoire des plus heureuses, il a compris que les talents dont il était nanti ne devaient pas être enfouis, qu'il ne fallait pas cacher la lampe sous le boisseau...

Sachant que celui qui cesse d'étudier devait cesser d'enseigner, il se tourne vers ses amis les livres, pour leur demander le complément d'une préparation pédagogique et d'une culture générale nécessairement déficitaire.[159]

«Cet homme, dont la constante préoccupation, selon Jules Brunel, est de se perfectionner en tout»[84] ne négligera certes pas un moyen que tous les âges, et même le nôtre qui reçoit sa dose quotidienne d'audio-visuel, ont adopté pour transmettre les connaissances et occuper les loisirs en meublant l'imagination, en éveillant le sens poétique et en suscitant des sentiments et des émotions plus ou moins nobles parfois, il faut bien l'avouer. Le choix de ses lectures visera un double but: satisfaire ses besoins personnels et enrichir la bibliothèque des élèves: «Je suis chargé du soin de la bibliothèque, soin qui est pour moi un plaisir. (...) Mais cette bibliothèque est bien pauvre et il me faut des fonds pour opérer le bien que je projette.» (1904)[9]

Si l'aide financière de son père le libère de certaines préoccupations, cette responsabilité lui cause néanmoins quelques ennuis:

À propos d'une petite difficulté à ce sujet, le Frère Directeur me passait ce matin un reproche où je trouve beaucoup de philosophie et qui me donne à réfléchir: Comment! vous voudriez faire de grandes choses sans qu'il vous arrive des histoires! (1906)[9]

Le frère commence sans doute par prendre connaissance des ouvrages qui ornent les rayons de la bibliothèque du Cercle La Salle. Quelques cahiers de son journal des débuts de sa carrière, ouverts au hasard, nous livrent ses réflexions et ses commentaires et d'assez nombreuses glanures. Nous y retrouvons le plus souvent les préoccupations d'ordre moral qui étaient siennes à ce moment de son évolution. Dans cette optique, il considère «peu recommandable pour des jeunes gens», ceux-là mêmes dont il reçoit les confidences, la lecture de certains ouvrages historiques où l'auteur, à ses yeux, se complaît dans la description d'«orgies» ou dans «l'accumulation de tableaux sensuels». Que pensait-il de tout ceci trente ans plus tard? Certains témoignages nous permettent d'affirmer, sans crainte de nous tromper, que son jugement était, à tout le moins plus nuancé.

Cependant, le *François de Bienville* de Marmette, trouve grâce à ses yeux:

> Roman historique ayant comme cadre le siège de Québec par Phipps en 1690. De bons détails sur les moeurs du temps. Le style quoique correct semble bien banal à côté de celui de Bazin, Bourget, etc. Bon livre pour jeunes gens. (1907)[9]

À propos des *Incas* de Marmontel, il se demande: «Est-ce un roman, un coin d'histoire, du roman historique? C'est peut-être un peu tout cela... Il y a peut-être quelques exagérations dans les caractères respectifs des Incas et des Espagnols.» (1905)[9]

Parmi les autres livres touchant à l'histoire et à la géographie, l'intérêt est concentré surtout sur ceux qui concernent de plus près les habitants des Amériques. Voici quelques titres pris au hasard:

> *L'Amérique précolombienne* d'Alphonse Gagnon;
> *La Province du Canada* de Brunet;
> *Chez les Français du Canada* de J. Lormet;
> *Cartier et son temps* de De Celles;
> *Voyage au pays de Tadoussac* de J. Ed. Roy;
> *The Canadian Confederation* de Collins;
> *À la conquête de la liberté en France et au Canada*
>   de De Celles;
> *Papineau* de A.D. De Celles;
> *Évangéline* de Longfellow;
> *À travers l'Amérique du Sud* de Delebecque;
> *Le Tour du Mexique* de J.A. Lippé.

Les contes et les romans de nos auteurs canadiens français ne sont pas négligés, mais pour paraître judicieux, les commentaires ne sont pas toujours favorables:

Contes vrais, de Pamphile Lemay:

Quelques idées un peu croustillantes, mais suffisamment voilées par les mots. La leçon morale arrive souvent et est quelquefois pratique, mais souvent elle est malhabilement intercalée dans le récit; elle semble surajoutée et ne se déduit pas logiquement du fait. Il me souvient d'avoir entendu un ou deux des contes de la bouche même de Pamphile Lemay. (1907)[9]

Au Portique des Laurentides, d'Arthur Buies:

Quelques notes jetées, sans beaucoup d'ordre, sur le Curé Labelle et St-Jérôme! Le style est assez coulant, mais un peu trop solennel par endroits; il est vrai qu'il est difficile de se faire une idée de l'emprise qu'a exercée le «curé du Nord» sur tous ceux qui l'ont connu, et tels accents qui ne détonnent pas devant un cercueil qui se ferme semblent puérils quand on les entend à travers quinze années d'oubli. (1907)[9]

Légendes canadiennes, de Rouleau:

Compositions qui ont encore une forte odeur de collège, remplies de lieux communs, criblées d'épithètes ronflantes et dont les préambules sont d'une taille désespérante. Il y en a de toutes les couleurs et pour toutes les naïvetés. (1905)[9]

L'Oublié, de Laure Conan:

Style bien moderne, facile et attachant. Ouvrage propre à donner une haute idée des origines de Ville-Marie. La partie donnée à l'amour est si pure et si imprégnée du sentiment religieux que le livre me semble excellent pour les jeunes gens. (1907)[9]

À l'oeuvre et à l'épreuve, de Laure Conan:

Ce livre a été une révélation pour moi et cette Laure Conan doit être une âme très religieuse. (...) Partout dans ce livre de belles leçons sur le sacrifice, le renoncement, la puissance de la grâce et de la prière. Laure Conan excelle à accentuer l'effet émotif des scènes qu'elle décrit en multipliant les incidents symboliques. En résumé bon livre qui ferait du bien surtout à un jeune homme qui lutterait entre un amour naissant et sa vocation. (1907)[9]

La mention des ouvrages n'est pas toujours accompagnée de réflexions. Tel est le cas pour ceux de Philippe Aubert de Gaspé, de Faucher de Saint-Maurice: *Choses et autres,* et de Damase Potvin: *Restons chez nous.*

Apparaissent également les titres de romans français qui ont une place d'honneur dans les bibliothèques de l'époque. De René Bazin, *De toute son âme, Le Blé qui lève, Les Oberlé,* de même que

La terre qui meurt:

Curieux paysages vendéens d'un réalisme frappant. (1908)[9]

Les Noëllet:

Encore l'amour de la terre, thème favori du catholique écrivain. Morale élevée: apprendre à refréner l'ambition, à ne pas sortir volontairement de la sphère où Dieu nous a placés. Le style est charmant, un joyau: des sourires aux racines profondes qui durent un peu comme des fleurs qui ont le pied dans l'eau. (1907)[9]

D'Alphonse Daudet, *Contes choisis:* «style merveilleux de nature, de coloris et d'intérêt.» De François Coppée, *Contes pour les jours de fête:* «Jolis récits, idées moralisatrices, beaux caractères, artisans du bonheur des autres.» (1907)[9] De Pierre l'Ermite, *La Grande Amie:* «Pour encourager l'amour de la terre. Style imagé, moderne et plein de relief.» (1907)[9] De Jean Rameau, *Le Roman d'une laide:*

Idylle écrite dans un style très moderne, très imagé, très nouveau. J'y ai remarqué des expressions comme celles-ci: des bourgeois en prurit d'art, des artistes en mal d'arrivisme, des clochers qui défaillent dans le crépuscule. (1915)[9]

De Léon Ville, *Les Colons de l'île Mariette:*

Il m'a pris fantaisie d'égrener une couple d'heures à avaler un romanceau de Ville. Cela me paraît inspiré de *Paul et Virginie.* Ce qui me déplaît c'est que tout dans ces romans d'aventures arrive à point; le naufrage se produit toujours près d'une île déserte entourée de brisants, un des naufragés trouve assez de force pour nager jusque-là tandis que les autres vont boire à la grande tasse; tout près il y a toujours aussi les inévitables cocotiers; je ne parle pas du feu qu'on allume de bois sec ce dont Jules Verne s'est un jour spirituellement moqué dans *l'École des Robinsons.* Enfin les robinsonnades peuvent avoir leur bon côté. (1905)[9]

Parmi les grands romanciers français mentionnés dans ce même journal, lus mais non commentés, quelques noms: Châteaubriand, Bernardin de Saint-Pierre, Flaubert, Maurois, Bourget, Duhamel, Bernanos, Mauriac, etc. Des étrangers aussi: l'Anglais Dickens et son *David Copperfield,* mais aussi l'Américain, Upton Sinclair et sa *Jungle,* dont la vulgarité de certaines scènes le déçoit.

Claudel est alors au sommet de sa renommée. Ce dramaturge et poète qui met «son art au service de l'inspiration la plus élevée», est un des auteurs préférés du frère, qui lit aussi Victor Hugo, Maeterlinck de même que le *Cyrano de Bergerac* d'Edmond Rostand, «fusée d'esprit».

Maîtrisant les deux langues officielles du Canada, le frère apprécie les oeuvres du plus grand poète dramaturge anglais. Il trouve dans le *Macbeth* de Shakespeare «des vers qui (lui) donnent des frissons, tant ils sont énergiques et compréhensifs». Il lira aussi *Hamlet* et *The Merchant of Venice;* quelque part dans son journal, il fait l'éloge de *Julius Caesar:*

Les idées originales et sublimes y abondent. Le discours de César au Sénat est du plus superbe orgueil romain. La querelle de Brutus et de Cassius et le discours de Marc-Antoine, des chefs-d'oeuvre. (1907)[9]

Celui qui devait chercher la santé sous le soleil cubain ne manque pas de s'intéresser au poète français qui y a vu le jour, José-Maria de Hérédia, et écrira à propos des *Trophées:*

Le vicomte Melchior de Vogüe disait récemment dans un discours prononcé à l'Académie française que ce petit livre et les fables de La Fontaine seront peut-être dans la nuit des siècles les seules épaves de notre littérature actuelle. Ceci dit beaucoup. C'est très travaillé sans en avoir l'air. Il y manque cependant le souffle chrétien et certains tableaux sont au moins très réalistes. (1907)[9]

Les écrivains qui, tout en demeurant fidèles à leur vocation première, ont trouvé un complément à leur culture, soit dans les arts, soit dans les sciences reçoivent de sa part un accueil particulier; ainsi, du géologue Pierre Termier, il écrira: «Grand savant et grand poète catholique pour qui la science est un héraut de l'Infini mais qui considère la théorie évolutionniste hypothétique.»[9] Ce qui manque à cet auteur, il le trouve chez Pierre Teilhard de Chardin dont il adopte les idées sur la thèse évolutionniste. Il a, par ailleurs, une réticence pour un chapitre des *Horizons intellectuels* de L.-P. de Castegens: «Belle envolée vers l'idéal. Le chapitre intitulé 'Invasion des sciences' n'est pas de mon goût; c'est pousser un peu loin l'amour du passé et la peur de l'avenir.» (1907)[9]

Le Frère Marie-Victorin, homme d'affaires à ses heures, se penche sur les *Cartels and Trusts* de E. Martin de Saint-Léon, *Les Corporations* de Fagniez et *Les Grèves* de Léon de Seilhac.

Certains ouvrages lui servent de façon immédiate dans la formation des jeunes: *L'Éducation du caractère* du Père Gillet et *La Formation à la chasteté* dont «les moyens de développer, par l'eucharistie, la dignité et la fermeté du caractère» (1907)[9] lui sont une source d'inspiration. De même, «ce beau et bon livre», *Ils regarderont vers lui,* qu'il n'hésite pas à mettre entre les mains de ses élèves. Ces derniers semblent en outre trouver un intérêt bien particulier dans le livre du Père Lalande, intitulé *Entre amis:*

> Ce livre a fait son chemin en quelques jours jusqu'au coeur des jeunes pour lesquels il est écrit et à qui il fera grand bien. C'est la correspondance du P. Lalande avec son ami Arthur Prévost, correspondance qui embrasse une vingtaine d'années. Le livre est très habile, trop habile même pour qu'on puisse croire que toutes ces lettres sont authentiques. Une foule de sujets pratiques y sont touchés d'une plume très agréable et quelquefois très amusante. (1907)[9]

Le polémiste qu'est, en diverses occasions, le Frère Marie-Victorin, a des préférences marquées pour certains auteurs très engagés: «Quand je lis Veuillot ou Lacordaire ou Montalembert, il me semble que c'est là l'idéal le plus élevé pour mon âme...» (1906)[9]

De Louis Veuillot, il mentionne entre autres dans son journal: *La Guerre et l'homme de guerre* et *Pèlerinage en Suisse.* Il lira et relira le *Montalembert* de Lecanuet. Lacordaire lui fait connaître Louis Veuillot par son livre sur cet auteur; le frère lit également ses *Lettres à un jeune homme.* Il a ce commentaire pour les *Pages catholiques,* de Huysmans:

> Émule de Zola dans le genre réaliste. Converti. Ce style que flagelle Castegens dans ses *Horizons,* je l'aime malgré tout; il fait comprendre, éclaire au *flashlight* nos prières liturgiques. Si, comme d'aucuns le prétendent, ce n'est pas sincère, je ne comprends rien au coeur humain. (1907)[9]

Il lit *Cinq lettres sur Ernest Renan* de Brunetière et trouve dans *Les Sans Dieu* de Besancet «un document un peu truqué». À côté de la *Divine Comédie* de Dante figurent des ouvrages plus populaires comme *Ben Hur* de Wallace et *Quo Vadis* de Sienkiewicz: «Le titre ne s'adapte guère au livre — la légende n'est qu'un épisode indépendant et dont la suppression n'enlèverait rien.» (1907)[9]

Ce religieux, tenu par sa règle à faire un temps déterminé de lecture spirituelle tous les jours, lit certainement des ouvrages qui alimentent sa vie spirituelle. C'est d'abord *Jésus-Christ* de Monseigneur Bougaud, «Magnifiques chapitres réchauffants pour la foi», puis *Béatitudes* de Henri Bolo, qu'il désirait lire depuis longtemps et qu'il a résumé, et bien sûr, la *Doctrine spirituelle de saint Jean-Baptiste de La Salle* ainsi que quelques hagiographies: l'*Histoire de saint François de Sales* du Marquis de Ségur; la *Vie de saint François-Xavier* de Daurignac, «une révélation»; *Saint Augustin* de Louis Bertrand; *Saint Vincent de Paul* de Ménard; *Le Patriarche saint Benoît* de Dom L'Huillier; *Léon XIII* de Monseigneur T'sercloès, mais aussi *Maître de la terre* et *Par quelle autorité* de R.H. Benson et *L'Allemagne religieuse* de Georges Goyau; *La foi de nos pères* du Cardinal Gibbons et *Mahomet* de A. de Mazas, dont il écrit:

> Le hasard semble jouer un grand rôle dans ce merveilleux développement de l'Islamisme; moi j'incline à changer le mot 'hasard' en 'providence' dont le caractère divin renfermait ce facteur dont Dieu se réservait l'emploi et les destinées. (1905)[9]

Un de ses auteurs préférés est le Père Auguste Gratry, philosophe qui voulait concilier la science moderne et la religion: «Homme qui aima la vérité seule et qui conserva toute sa vie le rêve d'une société humaine idéale où le mal serait inconnu; malgré l'errement de sa vieillesse, il s'impose à l'admiration touchante.» (1905)[9]

Et puis, plus rien après 1920. Les lectures et les réflexions de l'homme mûr nous auraient permis de pénétrer davantage cette pensée originale et personnelle qui s'exprime facilement, sans subir l'influence de la peur ou du respect humain. Il se dégage de ces extraits certaines constantes où la critique, soit négative soit positive, trouve toujours une justification. Ce qu'il déplore chez certains auteurs c'est la grandiloquence, la naïveté, l'emploi de clichés, une mauvaise structure du récit, certaines facilités dans l'évolution dramatique, un naturalisme trop poussé et, par-dessus tout, la description de moeurs dissolues, non par scrupule, mais en pensant à ces jeunes gens dont l'âme encore malléable risque d'en être affectée. Il apprécie chez un auteur l'humour, l'orientation scientifique de l'esprit, la préoccupation morale et spirituelle et l'engagement pour une cause qui défend les valeurs auxquelles il est lui-même attaché. Malgré sa grande ouverture d'esprit, à cause de cet attachement même et de sa loyauté, il dénonce ceux qui ne tiennent pas compte de ces valeurs.

Ce sens critique, Marie-Victorin l'exerce sans doute sur ses propres écrits. Certains jours, tels souvenirs marquants de son enfance, telles visions de paysages aimés remontent en son âme et la font chanter. Il en résulte un premier ouvrage, *Récits laurentiens,* en 1919, dont le frère annonce la publication à Rolland-Germain:

> Je publie à la rue Côté mes contes en volume. Il y aura trente illustrations de Massicotte. Vous voyez que votre ancien directeur ne lésine pas sur la dépense. Cela fera, je crois, un joli petit volume. Je vous en enverrai un.[160]

Le second, *Croquis laurentiens,* paraît l'année suivante. De nouveau, le frère se confie à son ami:

> Mes *Croquis* me prennent tout mon temps; il faut les faire, les refaire, les corriger, les recorriger, etc. Ceux de la Madeleine sont pratiquement terminés, sauf Brion qui me donne de la tablature. J'ai gaspillé mon encre au Havre-aux-Maisons et à la Grande-Entrée, j'ai ébréché ma plume sur le Cap de l'Est...[161]

À ce moment, l'auteur connaît, à son tour, le jugement de la critique. Il est, dans l'ensemble, élogieux, ainsi que le démontrent les quelques extraits suivants. La préface des *Récits laurentiens,* d'Albert Ferland, nous fait connaître la source d'inspiration du frère:

Dans son livre le Frère Marie-Victorin ramasse tout le sens de nos horizons. Affectueusement il enferme dans une expression nouvelle, l'âme locale, la figure de son pays. (...)

C'est, je crois, à son enfance, que le Frère Marie-Victorin doit son inspiration la meilleure... Ému de la nostalgie du cher paysage où persiste son âme d'autrefois, il s'est donné l'illusion d'y revivre ses joies et son chagrin d'enfant, et chargé de cette poésie naïve, il lui a plu de la transposer dans ses écrits.[162]

Pour sa part, Hermas Bastien, dans son introduction à *Pour l'amour du Québec,* où il relève les textes les plus signifiants de Marie-Victorin, trouve que ce sont les croquis des îles de la Madeleine qui l'emportent pour l'évocation:

C'est peut-être dans les tableaux des îles de la Madeleine que se manifestent le mieux ses dons d'évocateur: les choses insérées dans leur décor de plage et de varech, l'existence des descendants d'Acadiens qui ont le culte de la mer, leur langue, celle des aïeux bordelais ou malouins, lui révèlent l'âme profonde des Madelinots.[163]

Dans la même introduction, l'auteur cite Louis Dantin qui, dans *Gloses critiques*, s'attache davantage à la qualité de la langue utilisée par le frère, dans ses *Récits* et dans ses *Croquis:*

En s'incarnant dans son oeuvre, il ne fait que suivre l'exemple des grands descriptifs modernes, surtout de ces deux maîtres du voyage subjectif et impressionniste: Châteaubriand et Pierre Loti. (...)

Comme eux il écrit bien. Sa langue est d'une plantureuse variété, d'une richesse princière et prodigue. Sa phrase roule comme autant de pépites, le mot vif, le mot distingué, le mot pittoresque, le mot rare. Son invention verbale n'a de limites, semble-t-il, que celles de plusieurs dictionnaires et d'une douzaine de manuels techniques. L'argot savant lui est aussi familier que le serait à nous, la prose de M. Jourdain. (...) Le jargon littéraire n'a plus pour lui de secrets. (...) les vocables précis, subtils, profonds, naïfs, vigoureux, expressifs ou suggestifs, il les sait tous, et il les enchâsse là où ils obtiendront leur maximum de valeur et de portée.[164]

Pierre Dansereau, de son côté, fait ressortir la qualité du style et, tout en reconnaissant l'influence évidente du romantisme français, souligne le caractère original et personnel de l'inspiration de même que la touche poétique qui expliquent l'accueil réservé à ces deux ouvrages:

The freshness of style, the directness of the simple stories and the vividness of the descriptions struck a new note in French Canadian literature. The obvious influence of the XIX century French romanticists could not obscure the writer's genuine gifts. Regardless of how much their form may be reminiscent of that school, the feeling behind it was genuine and the images evoked by the author were inspired by typical traits of Canadian life. In other words, the critics welcomed Marie-Victorin's tales as a breath of fresh air, because he was almost the first native writer who described Canadian nature with an accuracy backed by an unfailing poetic touch.[81]

Marie-Victorin a également entretenu une imposante correspondance avec ses amis, avec ses supérieurs, avec sa famille et avec ses collègues. Certaines de ses lettres ont été colligées par le Frère Gilles Beaudet, é.c., sous le titre *Confidence et combat*. Au moment de la parution de cet ouvrage, en août 1969, deux journalistes en firent la critique, le premier, André Major, dans *Le Devoir* et le second, Jean-Pierre Guay, dans *L'Action*. En voici des extraits:

C'est la correspondance d'un esprit informé, inquiet, ouvert et surtout illuminé par une charité qu'il place au-dessus de ce qu'il appelle la 'ferblanterie religieuse'. Et ce chercheur que la maladie rendit trop souvent malheureux ne manque jamais l'occasion d'être amusant. Tenez, voilà un sujet de thèse: l'humour dans l'oeuvre de Marie-Victorin.[165]

Elles ne sont pas écrites dans un style plutôt que dans un autre. Elles ne trahissent pas la pensée d'un religieux dénaturé, mais celle d'un homme, profondément croyant avec un goût marqué pour l'humour et parfois des grivoiseries rabelaisiennes. (...) Il se produit ici que *Confidence et combat* ne fait que nous mettre l'eau à la bouche.[166]

Peu à peu, au cours des derniers chapitres, se sont dessinés les grands traits du caractère du Frère Marie-Victorin. L'époque où il a grandi l'a sans doute marqué, mais plus ou moins fortement: plus, dans le cas de l'attachement aux valeurs traditionnelles de la famille, de l'honneur et du devoir; moins, dans celui d'une certaine religiosité dont il s'est bien défendu par ailleurs, aidé en ceci par une éducation assez libérale. De plus, la maladie qui, selon Novalis, «est une des choses qui individualisent» eut une influence certaine non seulement sur la vie, mais encore sur le caractère du frère. Les études psychologiques le confirment:

La psychologie si complexe du tuberculeux a été souvent décrite. (...) On a surtout décrit l'exaltation fébrile de la sensibilité, la vivacité de l'intelligence, l'euphorie légère jusqu'aux portes de la mort, la sensibilisation érotique et sentimentale dont les grands tuberculeux de la littérature et de la musique sont restés des témoins.[167]

Ceci semble se vérifier chez Marie-Victorin. À maintes reprises, la vivacité de son intelligence a été soulignée, jointe à une grande ouverture d'esprit et à un humour certain. Sa sensibilité légèrement teintée de sentimentalité caractérisait ses amitiés et orientait ses préférences pour les auteurs romantiques; elle entretenait en lui un «vif désir» d'étudier le violon et nuançait sa passion pour la nature, d'une certaine délicatesse que l'on retrouve dans ses descriptions. Sensible aux conditions que les circonstances lui imposaient, il était d'humeur changeante, passant d'une période d'exaltation à une période de dépression; se disant irritable, il avait appris à se dominer. Sensible à la beauté des grands sentiments orientés vers une noble cause, il était animé de cet idéal qu'il admirait chez certains auteurs, idéal qui s'est concrétisé dans un choix de vie où le don de soi et l'attention aux autres étaient pour lui des pratiques quotidiennes. Intelligent, il fut conséquent, logique par rapport à ce choix, à savoir la vie religieuse; d'où son admirable soumission à la volonté de Dieu et sa loyauté indéfectible envers sa communauté.

Dans sa conduite personnelle, il suivait les diktats d'une conscience éclairée qui l'invitait à dénoncer les tabous et la naïveté menaçant d'édulcorer certaines expressions ou manifestations de la foi catholique. Accueillant, il était simple et modeste dans ses relations et savait se mettre à la portée des gens. Engagé pour le Christ dans la cause de l'éducation des jeunes, il eut le courage et l'audace de défendre des idées et une méthode pédagogiques qui finirent pas triompher à cause de leur valeur intrinsèque. Très lucide sur ses intentions, mais confronté à un idéal exigeant, il avait tendance à se juger assez sévèrement. Par conséquent, les réflexions cueillies dans son journal ne rendent-elles pas nécessairement compte de la valeur de ce grand homme, qui y souligne plutôt ses faiblesses. Aussi, faut-il probablement attacher autant sinon plus d'importance aux témoignagnes de ceux qui l'ont côtoyé quotidiennement.

Fin psychologue et homme d'action, il sut s'entourer d'une équipe avec laquelle il mena à terme la fondation d'un des plus beaux Jardins botaniques du monde. Gérard Parizeau rapporte le témoignage d'Édouard Montpetit à cet égard:

> Édouard Montpetit l'admirait beaucoup d'avoir réuni autour de lui des disciples. Il admirait aussi son désir de placer la botanique en plein centre du milieu canadien français. Montpetit se battait pour des idées. Aussi estimait-il le frère qui avait su aller jusqu'à l'exécution.[168]

Si le journal de Marie-Victorin, qui décrit ses états d'âme jusqu'à l'âge de trente-cinq ans, esquisse de lui un portrait que ses intimes reconnaissent difficilement, son action en général et la fondation du Jardin botanique en particulier, de même que son oeuvre proprement scientifique, ainsi que sa reconnaissance sur le plan international présentent cette dimension de sa personnalité plus conforme à l'image que ses admirateurs conservent de lui. Si, par ailleurs, nous avons pu laisser entrevoir dans les chapitres précédents «l'esprit puissant» de Marie-Victorin, il devrait apparaître avec plus d'évidence encore dans ceux qui suivent.

4

BATAILLES GAGNÉES, VICTOIRE ASSURÉE

Le Jardin sera bientôt terminé. Mais, avant d'en voir l'aboutissement, le Frère Marie-Victorin devra faire preuve d'une grande énergie pour surmonter les obstacles mis en travers de sa route par ceux qui ne croyaient pas à la vocation du Jardin botanique.

Marie-Victorin rêve toujours de réunir l'Institut au Jardin et ce rêve, loin d'être fantaisiste, répond à la simple logique: sa concrétisation permettrait en effet au Jardin, en plus de réaliser sa vocation d'éducation populaire, de devenir un centre de recherche scientifique qui pourrait être rattaché à l'Université de Montréal. Avant son départ pour Cuba, le frère confie à Jacques Rousseau une double mission: obtenir la charte du Jardin et l'autorisation du transfert de l'Institut au Jardin. Le 19 décembre 1938, Jacques Rousseau rencontre donc le ministre William Tremblay et reçoit son appui pour le dit transfert. Peu après une première rencontre avec l'industriel Alphonse Raymond, il se propose de discuter du projet de charte avec Georges Léveillé et Édouard Asselin, mais cet espoir est finalement abandonné. Par contre tout se passe si bien pour le transfert que, le 19 avril 1939, le Comité exécutif ratifie le projet d'accord entre le Jardin et l'Institut soumis par la Commission municipale du Jardin botanique; le 8 juin, la Commission d'administration de l'Université de Montréal en fait autant et, à la fin du mois, le personnel de l'Institut a emménagé dans le pavillon neuf: en l'espace de six mois, le rêve est devenu réalité. Voici dans les propres mots du Frère Marie-Victorin la relation de cet événement si ardemment désiré:

> Depuis quelque temps déjà, le déménagement était préparé: d'abord l'herbier, puis la bibliothèque, puis le reste. Ce reste, vu à la lumière du soleil, était quelque chose de magnifiquement miteux! Un par un, les membres du personnel prirent possession des bureaux qui leur étaient assignés. Parce qu'ils étaient jeunes, et pourtant tournés vers l'avenir, nul d'entre eux ne parut regretter l'héroïcité des catacombes.

> Comme il y avait encore des formalités à remplir, je restai le dernier à la rue Saint-Denis. Faut-il le dire? J'étais dès longtemps habitué à la misère, à la poussière, à la vie bruissante de ce rez-de-chaussée où s'étouffaient des centaines d'étudiants. J'étais adapté à la lumière artificielle et aux aîtres de ce sombre bureau, lieu de labeurs et de peines, mais aussi de douces joies au milieu d'amis sincères et d'un personnel qui n'était pas une escouade de mercenaires, mais un admirable cercle de famille!

> Enfin, lorsque sur les murs furent enlevées mes icônes favorites: le Christ de Léonard de Vinci, et Léonard lui-même, Akhanaton et Néfertiti; lorsque fit défaut la douce intimité des livres qu'on a à portée de la main, et qu'apparut en leur lieu et place la lèpre ignoble des murs, je pris mon chapeau. La porte de la ruelle se referma brutalement comme

elle fait mille fois par jour. C'était le 29 uin 1939. L'Institut botanique venait de terminer le premier chapitre d'une histoire commencée en 1920. C'est en souriant de toutes ses fleurs printanières que le Jardin botanique nous reçut. Nous y vécûmes d'abord dans le chaos ordinaire des déménagements. Mais le soleil entrait à flots, et l'air pur, et l'oeil se reposait sur des gazons tendres où les petites épinettes essayaient en vain de paraître sévères au milieu de toute cette joie. Les premiers jours, nous fûmes comme hiboux au soleil, un peu effarés et vacillants sous cette avalanche de rayons. La joie fait peur, dit-on! Mais on se fait à tout, même au bien-être et au bonheur. Les vacances nous dispersèrent un peu. Puis, en septembre, Mgr Olivier Maurault, p.s.s., recteur de l'Université, vint très simplement bénir les locaux d'enseignement. À cette occasion, il écrivait dans le registre des visiteurs quelques lignes aussi sobres qu'expressives: «Je, soussigné, recteur de l'Université de Montréal, certifie avoir béni, en cet après-midi du 10 octobre 1939, l'Institut botanique de l'Université de Montréal, installé dans ses nouveaux quartiers de Maisonneuve. Puisse cette bénédiction attirer sur cet Institut, sur son directeur-fondateur et sur ses collaborateurs toutes les prospérités.»[169]

En 1945, soit six ans après ce déménagement mémorable, Roger Gauthier rappelle, le 14 juillet, dans un article du *Devoir,* ce qu'il a représenté dans la vie de l'équipe:

Plus tard, quand vint le déménagement dans des locaux plus spacieux où la lumière entrait à flot, dans un milieu de fleurs et de beauté, d'aucuns songèrent parfois avec un peu de regret à l'atmosphère d'intimité de la rue Saint-Denis qui ne devait jamais se recréer tout à fait.

Les divers services de l'Institut botanique sont logés à l'étage supérieur de l'édifice principal et le frère offre à Marcelle Gauvreau quelques locaux pour y installer l'Éveil. Il pourra ainsi, de temps à autre, lire dans les «regards candides des enfants» l'émerveillement qu'il éprouve lui-même pour les choses de la nature et, dans certains cas, le leur communiquer. Chaque membre est à son poste. Teuscher, pour sa part, organise une exposition permanente et unique au monde de plantes utiles à l'homme, dont les spécimens viennent de tous les coins du monde. L'herbier sera conservé dans 300 casiers qui offrent l'avantage d'être métalliques et de fermer hermétiquement.

Mais c'est la guerre. Au printemps, première escarmouche: les forces militaires qui ont besoin de terrains et de locaux réquisitionnent le Jardin botanique. Ses défenseurs habituels, Louis Dupire, Camillien Houde et Honoré Parent prennent les armes — qui la plume, qui la négociation — et le Jardin est sauvé: Honoré Parent propose tout simplement un autre emplacement pour l'armée et l'aviation.

Deuxième offensive, à l'automne 1939: cette fois les coups viennent du gouvernement libéral reporté au pouvoir. T.D. Bouchard, appuyé par les Anglophones, juge les dépenses d'entretien trop onéreuses: la *Dominion Bridge* doit cesser les travaux; on procède même à la démolition d'une serre inachevée.

Pierre Dansereau, de retour d'Europe avec un doctorat et qui envisageait de faire carrière au Jardin a vu cet état de choses:

> Avant la guerre, les fondations des grandes serres
> d'exposition étaient terminées. On avait commencé
> à poser une superstructure de métal. Le gouverne-
> ment provincial détruisit cette armature: on enleva
> les montants de fer pour les déposer par terre où ils
> ont rouillé pendant la durée de la guerre et jusqu'au
> milieu des années cinquante.

T.D. Bouchard veut utiliser l'édifice comme centre administratif à Montréal. La diplomatie et l'esprit d'initiative d'Honoré Parent sont de nouveau mis à contribution. Il est vrai que l'immeuble du Jardin appartient au provincial, mais le terrain appartient au municipal; par contre, le provincial utilise déjà un immeuble du municipal pour la Cour des jeunes délinquants. Honoré Parent propose donc un échange: que le provincial cède l'immeuble du Jardin à la ville en échange de l'immeuble de la dite Cour. La deuxième bataille est gagnée et le Jardin est sauvé.

Une autre alerte provoquée cette fois par la police fédérale: on file Henry Teuscher à cause de ses origines allemandes. Mais Marie-Victorin, Jacques Rousseau et le député Georges Bouchard auront gain de cause auprès du Commissaire de l'Immigration.

À cette époque, dix sections du Jardin sont terminées; ce sont: le parterre des plantes annuelles, le jardin des plantes vivaces, les jardinets d'écoliers, le jardin potager modèle, le jardin d'essai pour les plantes aquatiques, les bassins des plantes aquatiques, les serres de service, la pépinière et les jardins d'hiver. Mais treize sections demeurent inachevées, dont les grandes serres publiques destinées aux expositions de plantes tropicales et subtropicales. Les autres sections non terminées sont: les deux cours intérieures destinées à recevoir les plantes délicates, le jardin médicinal, le *fruticetum,* la rocaille, le jardin alpin, les formations naturelles représentant la flore du Canada, les groupes morphologiques et biologiques, le jardin génétique, le jardin taxonomique, l'*arboretum,* les terrains de jeux et les terrains de pique-niques. Ces projets seront soit abandonnés soit réalisés après la mort du Frère Marie-Victorin.

Malgré tous les ennuis, le Jardin poursuit ses activités: des expositions florales chaque année; le dixième Congrès de l'Acfas en 1942; on reçoit des artistes, des hommes de science, des étudiants, des directeurs de C.J.N. ainsi que des chercheurs de toutes catégories. *Le Devoir* reproduira, le 27 juillet 1941, cet article de Marcel Racine paru dans *L'École canadienne* en juin de la même année:

> Depuis l'établissement du Jardin botanique de Montréal, plusieurs centaines d'écoliers y ont été attirés pour de multiples raisons: jardinage, visites, cinéma, etc. Pour eux, le Jardin botanique constitue

un centre où ils peuvent apprendre à connaître les beautés de la nature et à acquérir le goût de la culture des fleurs et des légumes.

En 1942, dans le rapport présenté aux autorités municipales, on pourra lire cet extrait qui se termine par l'expression d'un voeu:

> Le Jardin botanique a été et sera sans doute encore l'objet de mesquineries, mais les êtres mesquins passent et le Jardin botanique demeurera et, souhaitons-le intact, à l'abri des vandales et des incompétents et tel que l'ont fait ses fondateurs.[170]

Au-dessus des mesquineries que les grandes oeuvres ont toujours à subir, plane sur l'Institut un esprit qui, inculqué par son fondateur, permet à l'équipe de poursuivre son oeuvre. L'idéal que le frère lui propose en 1941, le texte suivant nous le fait connaître:

> Je serais indigne d'être votre chef si, ayant placé devant vous le faisceau de vos propres réalisations, ayant défini à nouveau le rôle que doit jouer l'Institut dans la cité spirituelle, je ne vous rappelais pas cette élémentaire vérité que cette institution ne vaudra jamais rien de plus que la somme totale de la valeur de ses membres.

> Je n'entends pas ici seulement la valeur professionnelle, mais cette valeur supérieure qui émane de la possession d'un haut idéal moral (...). Brandir humblement mais courageusement, d'une seule main, les deux flambeaux divins de la connaissance et de l'amour, et essayer de les passer aux autres hommes.[171]

Pendant ce temps, d'autres combats sont menés sur d'autres fronts. Le premier novembre 1940, le Comité des visites industrielles de la Chambre de commerce des jeunes lance une invitation pour une visite du nouvel édifice de l'Université de Montréal, sur la montagne. Le lundi suivant, Omer Héroux fait paraître dans *Le Devoir* un article où il cite d'abord les paroles de Maître Arthur Vallée sur la situation qui prévaut à l'Université de la rue Saint-Denis:

> Ces conditions ne sont pas brillantes. Rue Saint-Denis, les professeurs travaillent dans des locaux qui gênent leur effort et pourraient décourager les meilleures volontés. À la montagne, un vaste édifice qui donnerait aux diverses facultés des moyens de vie normale, attend depuis des années qu'on l'achève. Dans l'intervalle, on paie pour empêcher la détérioration de l'édifice en panne, si l'on peut dire; on paie pour l'entretien de la maison, radicalement insuffisante de la rue Saint-Denis. Tout le monde admet qu'une pareille situation ne peut durer.

> Il faut que cela finisse au plus tôt. Pour que cela finisse, et vite, il importe probablement que la question soit mieux connue, que les gouvernants, de qui l'on attend une action heureuse, se sentent à la fois aidés et stimulés par une opinion fortement éveillée. Si l'on pouvait conduire plus de gens rue Saint-Denis la réaction serait violente. Mais la visite, pour un vaste public, n'y serait pas facile. (...) Restait à faire voir ce qui pourrait être, à faire connaître le grand édifice qui attend depuis de trop longues années son achèvement. C'est à quoi la Chambre de commerce des Jeunes a voulu s'employer. Elle a pour cela fait appel à toutes les bonnes volontés. (...)

> La façon dont tous se sont jetés dans l'aventure n'en est que plus remarquable. Déjà, on peut voir les automobiles — demain ce sera le tour des tramways —promener d'intéressantes pancartes, pendant que les journaux reçoivent une publicité savante. Les poteaux sont couverts d'affiches comme en temps de campagne électorale. (...)

> Tout le monde sait que les avis ne furent pas unanimes quant au site de l'Université, (...); mais au

point où en sont les choses, puisque les autorités compétentes ont décidé de parachever l'oeuvre dans la ligne où elle fut commencée, ces divergences n'ont plus qu'un intérêt historique. Même ceux qui désapprouvaient le site actuel, qui auraient préféré une autre façon de procéder, doivent souhaiter que la fin soit le plus rapide possible, que maîtres et élèves puissent, sans plus de retard, travailler dans des conditions normales, donner leur juste rendement.

Le nombre de visiteurs est estimé à quarante mille. *Le Devoir* du lundi 25 novembre 1940 rapporte les noms des orateurs: Monseigneur Olivier Maurault, Maître Arthur Vallée, Messieurs Paul Dozois et Georges Lachaîne. Nous citons deux extraits des discours prononcés; le premier est de Monsieur Henri Groulx, ministre du Bien-Être et de la Santé, et le second, de Monsieur Adélard Godbout:

Si nous n'avons pas l'Université que nous voulons avoir, nous montrons que nous voulons l'avoir. (...) C'est une honte pour nous, citoyens de culture catholique et française, de ne pas avoir une Université comme nous devrions en avoir une à Montréal et il est temps que cette honte finisse.

Les plus jeunes de la génération actuelle des étudiants de l'Université de Montréal ne termineront pas leurs études dans les immeubles de la rue Saint-Denis. L'Université de la montagne sera terminée bientôt, aussitôt que possible; elle le sera dès que nous aurons les moyens matériels de le faire.

Moins de six mois plus tard, *Le Devoir* rapporte le fait suivant:

La Chambre discute en comité plénier les résolutions du bill Perrier sur l'Université de Montréal. En vertu de ce bill, le gouvernement s'engage à verser une somme annuelle de 375 000 $. Il verse aussi un octroi de 2 500 000 $ et achète les bâtisses universitaires situées rues Saint-Denis et Saint-Hubert, au coût de 800 000 $.[172]

L'inauguration officielle de l'Université de Montréal aura lieu le 6 juin 1943, sous la présidence de Monseigneur Olivier Maurault, recteur, et de Monseigneur Édouard Charbonneau, chancelier.

IV

POUR LA SCIENCE

Le Frère Marie-Victorin, au Jardin botanique de Montréal, en 1944.

1

UN PATRIMOINE À EXPLOITER

Ce n'est pas un technicien mais un amoureux irré-
sistiblement épris de cette terre splendide — la nôtre
— qui vient aujourd'hui causer avec les lecteurs de
cette revue.[173]

Dans cet article d'avril 1916, le Frère Marie-Victorin se
présente sans ambages, tel qu'il est, tel qu'il sera. Ce qui l'a
attiré vers la botanique, c'est l'amour de «la terre»; ce qui l'a
amené à lutter pour assurer son rayonnement ici, c'est
l'amour de «sa terre», cette terre du Québec qu'il connaît
déjà, pour l'avoir parcourue pendant une quinzaine d'années,
mais qui lui sera une source de joie et d'émerveillement
accrus, au cours des découvertes que lui réservent les années à
venir. D'innombrables écrits du frère nous font connaître sa
pensée et nous communiquent ses connaissances en cette matière. Quelques extraits nous permettront d'en juger. Ce qu'il

sait de la population végétale qui couvre notre sol, il l'exprime un peu plus loin dans l'article précité:

> L'épaisse calotte de glace qui, à plusieurs reprises durant la période quaternaire, envahit la vallée du Saint-Laurent et poussa jusque vers la latitude de New York, détruisit évidemment toute la végétation alors existante, et lorsque le glacier, cédant à de nouvelles conditions climatériques, retraita vers le Nord, abandonnant d'énormes quantités de détritus, la flore boréale-alpine qui s'épanouit naturellement à la lisière de la glace fondante sur les hautes montagnes, dut suivre pied à pied sur toute la largeur du front — immense armée de francs-tireurs marchant sur les pas du conquérant en déroute. (...)

> Or, chose curieuse, la flore des tourbières telle que nous la connaissons aujourd'hui n'est autre, dans ses grandes lignes, que la flore glaciaire d'alors. (...) Mais il n'y a pas que dans les tourbières où la flore glaciaire ait persisté.[173]

En effet, c'est au mont Saint-Hilaire, entre autres, que le frère découvre la Potentille tridentée, rosacée blanche formant une «colonie de quelques pieds carrés, absolument isolée». Mais l'enthousiasme le saisit au spectacle de la féerie printanière et perce à travers toutes ses descriptions de notre flore en cette saison de renouveau:

> C'est en effet l'une des caractéristiques de la flore laurentienne que la beauté et l'abondance des fleurs du sous-bois, dès le premier réveil de la sève, (...) l'étrange feuille tigrée de l'Érythrone dont la clochette d'or règne pendant un mois (...), nos admirables Trilles qui déroulèrent leurs gros bourgeons où se tapit une fleur si originalement jolie, ondulée et lavée de rose, ou bien rouge sombre, ou bien très grande et très blanche (...), les Cypripèdes, caprices du monde végétal (...). Le Cornouiller du Canada (...). Sous l'ombre dense des forêts de Cèdres, la collerette blanche de ses bractées florales piquetait

l'immense étendue de mousses opulentes jetées comme un suaire sur les peuples d'arbres morts.[173]

Mais comment passer sous silence la beauté, la majesté royale de nos automnes?

Après avoir vanté la luxuriance de notre printemps, je suis un peu embarrassé pour exprimer la beauté et la puissance de notre flore automnale.

Quand la plupart des plantes emploient déjà leur force vitale à mûrir leur fruit, les Composées, jusque-là dissimulées dans la verdure ambiante, se mettent tout à coup à fleurir. Et l'on voit alors la multitude de nos Verges d'or rutiler sous le ciel d'été. (...) Mais ce sont surtout les Asters qui couronnent et fleurissent la sérénité de notre automne canadien. Légions innombrables que l'on ne voit point venir et qui surgissent quand l'or des Verges s'encotonne et pâlit! Ils sont partout, les Asters, dans les prés, dans les bois, au bord des eaux. Pas de coin désolé qu'ils n'embellissent, pas de roc aride dont ils ne couvrent la nudité. (...) Du sol de nos forêts jaillissent à chaque pas l'Aster cordifolié et l'Aster à grandes feuilles portant toilette d'azur pâle et sur lesquels pleuvent pendant des jours et des semaines l'or et la pourpre de nos érables coquets qui — vous le savez — se mettent en beauté pour mourir. Et je ne crains pas de dire que cet ensemble, merveilleux de forme et de couleur, n'est surpassé en aucun pays du monde.[173]

Si Jacques Cartier, en posant le pied sur la dune de Brion, aux îles de la Madeleine, pouvait reconnaître les

campagnes pleines de froment sauvage, et de poix qui estoyent fleuris aussi épais et beaux comme l'on eust pu voir en Bretagne, qui sembloyent avoir été semez par des laboureurs, (...) grande quantité de raisin ayant la fleur blanche dessus, des fraises roses incarnates, persil, et d'autres herbes de bonne et forte odeur,[174] il est indéniable cependant que les botanistes étrangers se trouvent dépaysés dans nos régions, car

> Nous avons une flore indigène qui a ses éléments propres, qui fusionne sans doute à la périphérie avec les flores voisines, mais qui, dans l'ensemble garde sa physionomie particulière.[175]

Ce bien est notre héritage, mais une certaine indifférence ou une certaine paresse intellectuelle nous empêchent de l'apprécier au-delà de ce que nous en voyons. Il ne faut donc pas s'étonner d'entendre le frère déplorer, avec une certaine amertume, mais avec un plus grand espoir encore de le voir se combler bientôt, le manque de connaissance de notre peuple en cette matière, et considérer comme une terrible inculture de ne même pas soupçonner les lois qui régissent l'univers et de fouler sans le connaître son propre sol. Ainsi passe l'indifférent dans nos champs et nos bois:

> Sous ses pas d'innombrables plantes tendent vers lui leurs fleurs charmantes ou leurs fruits jolis. Mystère! Il ne désire savoir ni qui elles sont, ni d'où elles viennent, ni les merveilles de la chimie qu'elles font au creuset du soleil, ni le secret de leurs amours silencieuses. Des oiseaux traversent le bleu au-dessus de lui. S'il daigne s'en occuper ce sera, neuf fois sur dix, pour les tuer, bêtement, pour le plaisir de tuer. Dans l'air tiède, des insectes aux ailes de gaze et aux corselets châtoyants passent et repassent; l'équilibre besogneux des araignées tend des filets savants; la chenille, qui médite une prochaine métamorphose, ondule péniblement vers son but énigmatique. Devant ce réseau serré de merveilles et de problèmes, aucune inquiétude, aucune question, aucune fièvre de démêler l'écheveau, d'ouvrir le rideau.[176]

Le frère trouve absurde d'attribuer la culture générale à celui qui ignore le tout de tout cela. Ce manque d'intérêt pour ce qui nous appartient, cette ignorance de notre terroir et de ses richesses a permis à d'autres de s'en emparer, d'y mettre leur nom; cela aussi est à déplorer:

> La loi de priorité des découvertes scientifiques est inviolable dans tous les pays civilisés, et même quand la province de Québec comptera 20 000 000 de francophones, même quand, dans notre Université Laval, chaque branche des sciences naturelles aura sa chaire spéciale, il y a telle gentille fleurette de chez nous qui portera, rivé comme un boulet, un vocable ango-saxon, latinisé de force. Tout cela parce que nous dormions ou nous chicanions au moment où, par des mains étrangères et à notre insu, la science botanique se bâtissait chez nous.[177]

Mais l'invasion de l'étranger nous atteint de façon plus cruciale encore quand il s'approprie ces biens dont l'utilisation nous est par le fait même retirée. Sauf quelques exceptions, les Canadiens français n'ont pas le droit de pêcher le saumon ou de tuer le gibier de mer réservé «aux *messieurs*, aux *officiers*, comme on dit là-bas.»

Nous devons reconnaître que nous sommes restés, pendant des années, «étrangers au mouvement scientifique contemporain» alors qu'une «botanique moderne et très vivante, outillée par le progrès de l'optique et de la microtechnique, s'est constituée»[176] et que «nous, les Canadiens français, nous sommes pour bien peu de chose dans toute cette marche en avant et dans tous ces reculs d'horizon.»[176]

Devant une telle situation, le Frère Marie-Victorin fait appel à la fierté nationale des Québécois qui voudront dès lors corriger leur manque de clairvoyance de naguère. La solution qu'il propose est radicale:

> Nous ne serons une véritable nation que lorsque nous cesserons d'être à la merci des capitaux étrangers, des experts étrangers, des industriels étrangers; qu'à l'heure où nous serons maîtres par la connaissance d'abord, par la possession physique ensuite des ressources de notre sol, de sa faune et de sa flore.[176]

Mais malheureusement, nous avons trop longtemps sous-estimé l'importance de la science dans l'évolution du monde contemporain:

> Dans le monde moderne la culture scientifique est l'un des indices de civilisation. Un peuple sans élite scientifique — il faut sans doute dire la même chose de l'élite littéraire ou artistique — est, dans le monde présent, condamné, quelles que soient les barrières qu'il élèvera autour de ses frontières. Et le peuple qui possède ces élites vivra, quels que soient l'exiguïté de ses frontières, le nombre et la puissance de ses ennemis.[178]

Il ne s'agit pas cependant de se fermer au monde par crainte d'en subir les assauts. Au contraire, l'apport d'un peuple au progrès intellectuel, moral et matériel dans le monde «n'est pas un luxe, mais une question de vie ou de mort.»

Tout l'effort de Marie-Victorin pour inviter notre peuple à assumer ses responsabilités de nation autonome a-t-il abouti? Fort heureusement, nous possédons maintenant une élite scientifique qui nous fait honneur. Mais le petit peuple a-t-il plus d'intérêt pour la culture, même celle dite populaire? André Major, dans un article du *Devoir*, le 9 août 1969, semble en douter encore:

> N'oublions pas que sans lui (Marie-Victorin) il n'y aurait sans doute pas, à Montréal, ce Jardin botanique qui est un véritable paradis terrestre, que les fleurs, les plantes et les odeurs des arbres embaument et qu'un étang rafraîchit. Il est vrai qu'on n'y rencontre guère de Canadiens français. Les Italiens y passent leurs beaux dimanches tandis que nous nous contentons de la télévision. Mais personne ne nous a dit, et nous ne sommes pas assez perspicaces pour le deviner tout seuls, qu'une culture qu'on reçoit passivement, sans recherche, loin de la vie, finit par paralyser l'esprit. On a oublié de nous faire lire Marie-Victorin au collège ou à l'école, on a oublié de nous ouvrir le grand livre du monde.

Si de notre réaction positive face à la science en général dépendent notre survie comme nation et notre reconnaissance sur le plan international, dans un domaine plus particulier, les sciences naturelles ont une valeur éducative indéniable qui touche la santé et l'intelligence, comme aussi le sens religieux et le sens artistique:

> Parlons d'abord de l'éducation physique (...). Voici au moins une science privilégiée, une science de plein air, dont les secrets se lisent à même les pages fleuries du grand livre du bon Dieu! Quoi de plus hygiénique, de plus revigorant que ces courses au hasard des bois et des champs. (...) Rien de bien étonnant si, chez le naturaliste en campagne, les fonctions physiques sont dans le meilleur état possible.[177]

> Les sciences naturelles contribuent à l'éducation intellectuelle en développant l'esprit d'observation et le sens esthétique; en fournissant une base solide aux études supérieures, aux sciences philosophiques et morales.[177]

> La contemplation de l'univers a toujours fourni la première preuve de l'existence de Dieu, celle qui ne vieillit pas, qui ne s'infirme pas et qui s'impose aux yeux qui ne la cherchent pas. Elle devient plus lumineuse à mesure que l'homme pénètre dans cet édifice dont il n'a vu si longtemps que le dehors.[177]

> L'histoire naturelle a aussi son mot à dire dans la culture du sens esthétique. Dans la création, le beau est partout, dans les plus petits objets comme dans les plus grands, dans les spectacles d'ensemble et dans les menus détails.[177]

Dans le domaine plus particulier de l'esthétique littéraire, le frère relève une quantité de noms de plantes utilisés par nos auteurs qui dénotent une ignorance flagrante de la «vraie physionomie de la nature laurentienne»: platane, ajoncs, primevères, pervenches, bruyère, luzerne, thym, genêt, glaïeul, cyprès, lis immaculé et combien d'autres, cueillis dans les ouvrages littéraires français, alors que

> les rivages de nos lacs laurentiens présentent tant de si charmantes fleurs et bien à nous! Quiconque a vu et admiré nos Iris d'azur, nos Églantiers, nos Lobélies cardinales n'a plus qu'un dédain deux fois motivé pour l'Ajonc et la Bruyère.[177]

Marie-Victorin n'aura pas prêché dans le désert. Sa voix aura été entendue par un de nos meilleurs écrivains, dont il ne manquera pas de souligner les mérites, dans un article des *Annales de l'Acfas*, 4, 1938, intitulé: «*Menaud, maître draveur devant la nature et les naturalistes*». De son côté, Félix-Antoine Savard sait reconnaître ce qu'il doit au grand botaniste et le lui exprime dans la dédicace de deux de ses ouvrages, *Menaud maître draveur* et *L'Abattis:*

> Au Révérend Frère Marie-Victorin,
> à qui je dois de savoir que les choses de la nature ont un nom dans ce pays. L'auteur reconnaissant.
> 26 novembre 1937.

> Au Révérend Frère Marie-Victorin,
> qui m'a donné le goût de la précision botanique.
> 5 janvier 1944.

Après avoir démontré avec force arguments l'importance de posséder une élite scientifique en tant que nation, et les avantages qui découleraient sur le plan individuel de l'enseignement des sciences naturelles, le frère conclut à la nécessité d'introduire les sciences naturelles dans l'enseignement supérieur, en tenant compte du contexte nord-américain dans lequel nous baignons:

> (...) Le domaine des sciences naturelles, par sa nature même, est étroitement conditionné par la géographie. (...) Or la province de Québec est une entité purement artificielle dont la faune, la flore, les formations géologiques, les horizons paléontologiques débordent largement sur les États-Unis, sur l'Ouest canadien, quelquefois sur l'Asie, plus rarement sur

l'Europe. C'est dire que dans tous ces domaines, les objectifs nous sont communs avec nos collègues des universités des États-Unis et que notre bibliographie doit être surtout américaine et de langue anglaise. (...) Il importe que nous établissions des équivalences réelles entre nos grades et ceux qui sont décernés par les universités-soeurs du Canada et des États-Unis.

Faisons confiance à l'Université de Paris et croyons sincèrement que ses programmes et ses grades sont adaptés aux besoins et aux tendances de ce grand pays de France. Mais pour que ces programmes et ces grades puissent nous convenir dans leur entièreté, il faudrait qu'il y eût parité dans les deux enseignements secondaires; il faudrait encore que la province de Québec fût une île dans l'Océan Atlantique et non pas une enclave dans un grand continent anglophone.

Il serait souverainement important que nos diplômes, nos doctorats, nos licences puissent permettre aux jeunes gens qui sortent de nos facultés d'entrer de plain-pied au service de la Commission géologique du Canada, (...) de la Commission géologique du Québec (...)

Grand botaniste habitué à scruter les détails de ses spécimens, à la loupe bien souvent, habile organisateur ayant à coordonner des éléments épars, à trouver les meilleures méthodes afin d'assurer le meilleur fonctionnement, excellent pédagogue ayant accumulé des années d'expérience, Marie-Victorin ne se contente pas de vagues suggestions. Il propose donc que cet enseignement supérieur des sciences naturelles comprenne sept cours conduisant à sept certificats et en dresse ce «schéma en étoile dont les rayons sont susceptibles d'être prolongés et ramifiés indéfiniment»:

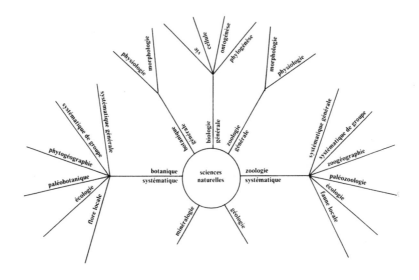

179

Puis, s'élevant au-dessus de tout pragmatisme, le Frère Marie-Victorin, selon son habitude, tire une conclusion finale propre à entraîner vers les plus hauts sommets:

Il faut redire souvent, non pas seulement l'utilité, mais bien la noblesse et la valeur spirituelle de la science pure, de la recherche désintéressée de la vérité, de ces coups d'ailes enamourés vers l'inconnu.[179]

2

L'ÉVEIL SCIENTIFIQUE

S'il a déployé tant d'efforts pour tenter d'éveiller notre peuple à la nécessité vitale d'une plus grande ouverture sur les sciences naturelles, le Frère Marie-Victorin a d'abord et avant tout prêché d'exemple. Il a en effet consacré sa vie à ces sciences, jusqu'alors méprisées et négligées chez nous, pour leur redonner leurs lettres de noblesse. Il a exploité avec intelligence et persévérance les moyens les plus efficaces pour ce faire, mais dans bien des cas il ne pouvait y arriver seul.

C'est donc en collaboration avec des collègues de l'Université que se sont fondées l'Acfas et la Société canadienne d'histoire naturelle; la naissance des Cercles de jeunes naturalistes, de l'École de la route et de la Cité des plantes fut également une oeuvre de collaboration. Le frère fut la plupart du temps l'âme de ces entreprises et le demeure encore aujourd'hui.

Sur le plan personnel, il poursuivit inlassablement ses recherches et les revues québécoises et étrangères reçurent ses nombreuses contributions. Il échangea constamment avec des étrangers le résultat de ses travaux contre le leur, heureux de participer à l'avancement de la science et de faire connaître notre pays hors de ses frontières. De tous ces efforts sont nés entre autres la *Flore laurentienne* qui demeure, encore aujourd'hui, un ouvrage de consultation très apprécié, l'Institut botanique fréquenté par plus d'une génération et qui a fourni à la société nombre de scientifiques, et le Jardin botanique visité par une population qui en tire un orgueil bien légitime.

L'Acfas se réunissait une fois l'an pour des échanges d'idées, dans une communauté d'efforts vers le fait scientifique et le développement des sciences en général. La Faculté des sciences de l'Université de Montréal avait trois ans quand fut fondée cette Association canadienne française pour l'avancement des sciences, prenant pour modèles les associations française, américaine et britannique. Le mérite de cette initiative revient à Léo Pariseau, à Édouard Montpetit et à Louis-Janvier Dalbis; le Frère Marie-Victorin, pour sa part, «applaudit à cette idée». Le 15 mai 1923, une vingtaine de personnes réunies au Cercle universitaire, sous la présidence d'Arthur Bernier, proposent de fédérer nos sociétés scientifiques sous le nom de l'Acfas. Deux ans plus tard, jour pour jour, les membres acceptent les règlements élaborés par un Conseil provisoire et élisent leur premier Conseil, dont le président, Léo Pariseau, et le secrétaire, Marie-Victorin. Chaque discipline scientifique sera représentée à la présidence à tour de rôle. Les premières sociétés adhérentes sont: la Société de biologie, la S.C.H.N., la Société médicale, les Sociétés de chimie, de physique, de chimie industrielle, des sciences historique et politique, de mathématiques, d'astronomie et de philosophie.

L'Acfas s'occupe de la vulgarisation des sciences; de plus elle donne des conférences publiques, dont le nombre passe de quatre en 1924-25 à quarante-six en 1933-34, dans les milieux universitaires, les collèges, les écoles normales, les écoles secondaires et primaires et les C.J.N.; enfin, elle favorise et fait avancer la recherche scientifique par des subventions, des bibliothèques et des congrès. Le premier de ces congrès a lieu à Montréal en 1933. La notice historique sur les débuts de l'Acfas présentée par Jacques Rousseau en 1935, dans le premier volume des Annales, reflète l'enthousiasme et les nobles ambitions des fondateurs. Il y est fait mention, entre autres, d'un projet de création d'une bibliothèque. Comme l'Acfas ne possède pas de bibliothèque propre, nous présumons que ce projet dut être abandonné au profit de la création de bibliothèques spécialisées dans les différents départements de l'Université.

Nous avons vu les difficultés qui opposèrent les deux amis qu'avaient été Monsieur Dalbis et le Frère Marie-Victorin. Ce dernier reprochait à son collègue la fondation de l'Institut scientifique franco-canadien qui, d'après lui, nuisait à l'Acfas:

> Je le dis sans le moindre souci de cacher ma pensée, la fondation de l'I.S.F.C. fut, dans les circonstances, une véritable trahison consciente ou inconsciente de l'idée généreuse qui avait engendré l'Acfas. Elle fut aussi, ce me semble, non elle-même mais à cause de ses modalités, une indélicate intrusion de l'étranger dans nos affaires nationales. (...)

> M. Dalbis, bien en cour, réussit facilement à dériver de son côté les attentions de l'Université de Montréal et du Secrétariat provincial d'alors, qui subventionna largement l'entreprise Dalbis, (1 000 $, alors que l'Acfas n'a jamais eu un sou). (...)

> Pendant que les professeurs de la Faculté des Sciences et particulièrement ceux de l'Institut botanique étouffaient, empilés les uns sur les autres dans des locaux infects et sans lumière, l'I.S.F.C. avait, en face d'eux, à deux pas exactement, un bureau bien meublé et qui restait vide toute l'année, parce que M. Louis-Janvier Dalbis, qui était à lui seul tout l'Institut, vivait en Europe. (...)

Tous ceux qui avaient affaire avec l'I.S.F.C. étaient largement payés. Pendant ce temps, l'Acfas restait sans ressource, sans local, sans personnel rémunéré, sans moyen de développer ses cadres et d'assurer sa publicité, sans sympathie en haut lieu, boudée par les Écoles sous le contrôle des amis de M. Dalbis. (...) Je conclus en répétant encore une fois que la fondation de l'I.S.F.C. n'était pas justifiable, autrement que comme organisme entièrement à la charge du consulat français.[180]

L'Acfas poursuit cependant ses activités et tient ses congrès annuels, alternativement à Montréal, à Québec et à Trois-Rivières. En 1935 commence à paraître le périodique les *Annales de l'Acfas*.

En octobre 1937, Marie-Victorin est élu président, au cinquième congrès. Sa présidence est marquée par des initiatives importantes; désormais trente-quatre sociétés sont affiliées à l'Acfas; les démarches du frère auprès du gouvernement obtiennent pour l'Association, en plus d'une nouvelle subvention assurée au budget régulier et de la pose d'inscriptions à proximité de formations géologiques intéressantes, l'autorisation de collaborer à une étude sur l'organisation éventuelle de parcs nationaux et à un projet de prix scientifiques; de plus, l'Association étudie un plan d'aquarium à l'île Sainte-Hélène. En plus des soixante-quinze conférences organisées durant cette année, Marie-Victorin invite son ami Fernald de l'Université Harvard à venir donner des cours spéciaux à l'Université de Montréal.

Tous les collaborateurs du frère à L'Institut botanique soumettent tour à tour le fruit de leurs recherches et de leurs travaux d'herborisation aux divers congrès qui réunissent l'élite scientifique composée en grande partie de jeunes intellectuels dynamiques et enthousiastes. Aujourd'hui, l'Acfas est devenue une fédération importante de toutes les sociétés scientifiques canadiennes-françaises, qui a tenu en 1982 son cinquantième congrès annuel sans interruption.

Grand penseur, le frère se réservait une période de réflexion, généralement le soir, dans ses promenades en automobile à travers la ville. C'est là le témoignage de son chauffeur, Lucien Charbonneau, mais aussi celui de Marcel Cailloux qui ajoute que, de ces réflexions sont nées toutes les initiatives du frère, dans une recherche constante de moyens pour développer l'effort scientifique au Canada-français. Ainsi, pour favoriser l'essor des sciences naturelles, Marie-Victorin propose la fondation de la Société canadienne d'histoire naturelle, le 10 juin 1923. Il est appuyé et aidé par Messieurs Dalbis, Mailhot, Brunel, Gardner, l'Abbé Desrosiers et le Frère Hubert.

De 1923 à 1930, les activités de la Société consistent principalement dans des conférences mensuelles, des excursions botaniques et des visites de musées. De retour du congrès de Capetown et de son voyage «à travers trois continents», en 1929, Marie-Victorin, «qui a, d'après Robert Rumilly, de la matière pour au moins vingt conférences», se sert de cette tribune pour lancer l'idée d'un Jardin botanique. En 1930, *Le Devoir*, sous l'inspiration de Louis Dupire qui souffre de voir le désoeuvrement des jeunes, lance à son tour un concours de botanique; les lauréats sont couronnés par la Société canadienne d'histoire naturelle.

À ce moment, le Frère Adrien, C.S.C., qui dirige déjà deux cercles de jeunes naturalistes depuis plusieurs années, propose, lors d'une réunion de la Société, la fondation de cercles semblables dans les écoles. Son projet est approuvé par Marie-Victorin qui lui promet le soutien de la Société. En cette même année 1931, les cercles se multiplient dans les maisons tenues par des religieux et des religieuses. Longueuil, entre autres, a son cercle André Michaux, dirigé par le Frère Rolland-Germain lui-même. Des chroniques hebdomadaires entretiennent le feu sacré et apportent en même temps un supplément de connaissances; le Frère Narcisse-Denis a la sienne dans *Le Devoir*; et, dans *L'Action Catholique* de Québec, le Frère Michel (Louis-Philippe Audet) assurera cette chronique de 1932 à 1963.

Les fruits ne tardent pas à venir. Le public pourra les admirer lors des expostions tenues en 1933 au Mont-Saint-Louis et en 1934, au Collège Notre-Dame, toutes deux couronnées d'un succès inespéré. Cent trente-sept Cercles de jeunes naturalistes apportent leur concours, dont quatre-vingt-dix-sept cercles féminins, à la première exposition; la deuxième marquera un net progrès. Des centaines de milliers de personnes y auront défilé dans les deux semaines que dura chacune des deux expositions.

Entre-temps, la Société publie, avec la collaboration de l'Institut botanique, des tracts qui prendront le chemin des écoliers jusqu'en Saskatchewan, comme en fait foi cette lettre de Paul C. Kuehne, O.S.B.:

> J'ai reçu la série de tracts 1-69 de la Bibliothèque des Jeunes Naturalistes dont le dernier numéro a été publié il y a trop longtemps déjà. Je vous suis infiniment reconnaissant de me les avoir adressés. Ils touchent un grand nombre de sujets, et d'une manière si vivante et intéressante qu'ils seront utiles non seulement à nos étudiants qui suivent les cours de biologie, mais aussi à tous ceux qui désirent perfectionner leurs connaissances de la langue française. Par conséquent, ils constituent une aide précieuse dans notre enseignement.[181]

Toutes ces réussites ne manquent pas d'éblouir même le gouvernement qui, après avoir accordé une première subvention en 1935, s'empresse de la doubler, l'année suivante. Cette réaction n'a rien d'étonnant quand on connaît la réflexion du ministre des Mines et des Pêcheries d'alors, Monsieur Onésime Gagnon, que relève Robert Rumilly: «Je connais les C.J.N. par le plus charmant des intermédiaires, celui de mes propres enfants qui en font partie.»

Les C.J.N. continuent de se multiplier à travers la province, encouragés par les Commissions scolaires. En 1938, on compte cinq cent quatre-vingt-dix cercles affiliés à la Société, dont font alors partie seize mille membres. Des excursions dans la nature ont permis à chaque élève de monter son propre herbier; grâce à elles, il peut maintenant identifier les arbres, les plantes et les fleurs, et reconnaître les oiseaux par leur chant ou leur cri, aussi bien que par leurs plumes ou leur bec. Ces jeunes savants peuvent en montrer à bien des adultes, moins privilégiés dans ce domaine.

Il va sans dire que les premiers étudiants sont les éducateurs eux-mêmes. Avant de pouvoir diriger un C.J.N., il faut avoir quitté ses livres et s'être inscrit à l'École de la route. Cette organisation n'a pas encore reçu son nom officiel que déjà des cours de vacances sont mis sur pied en 1930, pour la formation de bons directeurs. Pendant trois ou quatre semaines, c'est la belle vie au grand air, l'émerveillement de la découverte, mais aussi le travail intense. Ils partent six ou sept voitures ou deux autobus complets, sillonnant les routes du Québec et effectuant des arrêts aux endroits prévus, car tout a été planifié dans les moindres détails. Avant le départ, Marie-Victorin a pris soin d'indiquer ces endroits, d'expliquer la nature du terrain et les plantes à étudier.

En 1932, ils vont tour à tour à Contrecoeur, à Sainte-Geneviève, à l'île Bizard, à Saint-François-de-Sales, à Saint-Jérôme, à Longueuil, à Saint-Hubert, à Berthier, à Rivière-des-Prairies et à Caughnawaga. Chaque année, jusqu'en 1940, devant de nouveaux paysages, de nouvelles découvertes, l'enthousiasme se rallume. En 1940, ils étudient les plantes des montérégiennes, les formations géologiques du Bouclier laurentien, les tourbières du Bois-des-Filion, les sables de Berthier et les plantes aquatiques des bords du Saint-Laurent, sans compter les serres de l'Institut botanique, le tout complété par une séance de diapositives sur les plantes exotiques.

Le frère est accompagné de son personnel enseignant de l'Institut botanique. Les cours de biologie végétale, le matin, les excursions d'herborisation et les travaux de laboratoire, le reste de la journée, se succèdent au fil des jours, dans l'enchantement. Sur le terrain, le frère en soutane et béret basque se tient, la canne à la main, à la disposition des étudiants, les orientant vers tel ou tel des professeurs, spécialiste du genre de plantes qui fait l'objet d'une interrogation. Les plantes bien identifiées sont placées entre des pages de journaux. Il s'agit ensuite de les faire sécher, de les presser, pour enfin les coller sur de grands cartons blancs, constituant ainsi un herbier pour son propre usage et pour la postérité. À la fin de la session, Marie-Victorin récapitule le tout dans une conférence magistrale.

Après 1940, malheureusement, à cause de la guerre et des restrictions sur l'essence, l'École de la route doit discontinuer ses randonnées. Elle a eu cependant le temps de former de bons directeurs de C.J.N. qui se souviennent non seulement des moments d'euphorie devant une nature splendide et généreuse, mais ausi, bien sûr, des notions qu'ils seront heureux de pouvoir transmettre aux élèves, sans parler des amitiés nées des contacts quotidiens dans le partage d'un même idéal. Leur travail en général se ressent du goût de la précision qu'ils ont acquis. Ils sont désormais habités par un enthousiasme sans limite pour la diffusion et l'organisation de C.J.N. Au contact de Marie-Victorin, ils sont devenus un peu plus naturalistes, mais aussi un peu plus poètes:

> Il me semble que le touriste complet devrait être à la fois poète, c'est-à-dire artiste, et naturaliste, c'est-à-dire observateur et analyste; artiste-poète pour saisir la délicatesse des teintes, le langage des lignes et les effets de contraste; naturaliste, pour voir derrière l'image splendide du présent, la série des grandes évolutions du passé et dans le présent lui-même, le jeu des unités physiques ou vitales dont le tableau entier n'est que la résultante infiniment complexe.[182]

Comme l'avenir des sciences naturelles est assuré auprès de la génération montante par l'organisation des C.J.N., par les chroniques dans les journaux et par la correspondance échangée avec la Société, on se tourne vers l'ensemble de la population, en vue de lui faire partager à son tour les joies de la découverte scientifique. En 1941, le meilleur moyen de diffusion est la radio; voici que s'édifie, en plein coeur des studios de Radio-Canada, *La Cité des plantes*. C'est un programme d'initiation à la botanique, en vingt-six causeries, qui fait partie d'un ensemble d'émissions éducatives, connu sous le nom de Radio-Collège et dont l'initiative revient à Aurèle Seguin. Ce dernier s'adresse au Frère Marie-Victorin qui, on ne peut plus heureux, fait appel à son tour à ses collaborateurs pour partager avec lui la responsabilité de ces causeries. Il s'agissait, d'après Marcel Cailloux, de débarrasser la science de sa rigueur, de créer un climat scientifique sous un angle aimable, d'élever l'âme jusqu'à la poésie. L'expérience se répétera chaque année pendant cinq ans, de la mi-octobre à la mi-avril.

Un autre moyen de diffusion non négligeable, malgré l'importance accordée à l'audio-visuel, est l'écrit, et le frère s'en sert abondamment. Lui qui écrivait en 1915 à son confident de toujours et à son compagnon dans ses multiples voyages: «Je vais potasser le style et la littérature, deux choses bien agréables, mais auxquelles je préfère de beaucoup la vie libre, l'eau claire, le foin et la liberté»[183] ne jouit pas égoïstement de ses excursions. Chacune fait l'objet d'une étude sérieuse, comme il le souligne dans une lettre au même Rolland-Germain:

> J'arrive de Boston où j'ai passé dix jours, étudiant toutes nos plantes avec Fernald. Nous avons des trouvailles renversantes, bien qu'aucune espèce ne soit aussi extraordinaire que le *Cirsium minganense* (Chardon de Mingan). (...) Le clou est sans doute le *Scirpus alpinus* tout petit, semblable au *Scirpus pauciflorus*, récolté à l'île Sainte-Geneviève, et qui n'était connu que dans l'Europe arctique. Fernald n'en revient pas.[184]

Marcelle Gauvreau, qui a fait la compilation des écrits de Marie-Victorin, compte quatre-vingt-trois articles purement scientifiques, parus dans des revues d'expression française et d'expression anglaise. Le frère écrivit une douzaine de mémoires pour la Société royale du Canada, sans compter sa thèse de doctorat, *Les Filicinées du Québec* et son mémoire intitulé *La Flore du Témiscouata*. Il rédigea de plus deux cent quatorze écrits de vulgarisation scientifique ou portant sur la littérature, l'histoire ou l'éducation. La plupart des articles scientifiques furent publiés dans le *Naturaliste canadien* dès

1908 ou, à partir de 1922, dans les *Contributions du laboratoire de botanique* et, plus tard, *de l'Institut botanique de l'Université de Montréal.*

Un mémoire de cent soixante-cinq pages d'études floristiques sur la région du Lac-Saint-Jean paraît dans les *Contributions* en 1925, car, après 1919, Marie-Victorin pousse davantage vers le nord du Québec. Le frère remarque, entre autres, la nature acide des roches précambriennes entourant le bassin du lac et l'existence certaine, à l'époque Champlain, d'une expansion marine dans ce bassin, pouvant laisser des reliquats dans la flore et dans la faune actuelles. La «liste annotée des espèces récoltées, qui ne tient pas compte des espèces observées et des listes publiées par d'autres collecteurs», présente trois cent quarante-huit plantes identifiées et classées.

Parmi quelques Composées nouvelles, rares ou critiques du Québec oriental, le Chardon de Mingan, dit *Cirsium minganense* Victorin, est l'objet d'une découverte remarquable dont Marie-Victorin fait la relation suivante dans le numéro cinq des *Contributions:*

> ...au cours d'une exploration botanique de l'archipel de Mingan, le 28 juillet 1924, ayant abordé au rivage calcaire de l'île Quin, nous trouvâmes, au saut du canot, une douzaine d'individus d'un magnifique chardon entièrement nouveau pour notre expérience, ne rappelant en rien les espèces que nous connaissions dans le Nord-Est de l'Amérique. (...)
>
> L'un des plus beaux échantillons fut photographié, puis sectionné et mis dans une solution de formol; les autres furent séchés à grand peine, suivant les méthodes ordinaires employées en campagne.[185]

Fernald confirme qu'il s'agit bien d'une nouvelle espèce de chardon et d'une nouvelle variété dans le cas du *Senecio pseudo-arnica var. Rollandii.* Le Frère Rolland aura l'honneur de voir son nom également accolé à un *Scirpus*, soit le *Scirpus Rollandii.*

Mais on peut mettre des années avant de pouvoir identifier correctement une plante. Ainsi, en 1924, le frère dévouvre à l'île Niapisca, «au cours d'une marche précipitée à travers les herbes ruisselantes», un «*Botrychium* jaunâtre, d'allure étrange» qui demeure pour lui et les savants consultés cette année-là un problème difficile à résoudre. L'année suivante, il a «la bonne fortune» de trouver une deuxième colonie de ce *Botrychium* critique sur l'île à la Proie. Il pourrait bien s'agir d'un hybride, mais les botanistes attendent de nouveaux matériaux et de nouvelles observations avant de se prononcer. De retour en Minganie, l'année suivante, ils découvrent à la Grande Île à Bouleaux, une troisième colonie du même *Botrychium*. Les matériaux disponibles étant maintenant suffisants, on peut étudier complètement cette plante, la «situer dans le cadre du genre difficile auquel elle appartient et marquer sa distribution générale et locale». Marie-Victorin conclut, dans le numéro onze des *Contributions*, qu'il s'agit d'une espèce non décrite. Elle sera désignée: *Botrychium minganense* Victorin.

Au cours des années suivantes, de nouvelles excursions permettent d'étudier et de publier *Deux Épibiotes remarquables de la Minganie, Les Liliiflores du Québec, Les Variations laurentiennes du Populus tremuloides et du Populus grandidentata* ainsi que *Le Genre Rorippa dans le Québec* et *L'Anacharis canadensis, histoire et solution d'un imbroglio taxonomique dû à une description fautive de Michaux.*

Deux des quelques plantes nouvelles découvertes dans le bassin de la baie des Chaleurs en 1931 reçoivent de Marie-Victorin le baptême scientifique, à savoir: l'*Aster gaspensis* Victorin et le *Gentiana gaspensis* Victorin.

De son expédition dans la vallée de la Matapédia, en 1930, Marie-Victorin a rapporté des fossiles de *Psilophyton* et des fougères dévoniennes, premières pièces de la collection paléobotanique canadienne.

Dans une *Contribution* de 1935, le frère fournira *Quelques résultats statistiques nouveaux concernant la flore vasculaire du Québec*, entre autres celui-ci:

Le type biologique qui paraît dominant dans la flore du Québec est celui, très net, que constituent ensemble les Graminées et les Cypéracées, type que l'on peut désigner sous le nom de type glumacé. Les deux familles à elles seules constituent en effet un cinquième de la flore.[186]

Des quarante-trois entités nouvelles de la flore phanérogamique du Canada oriental, l'une sera désignée sous le nom de *Lathyrus Rollandii*

en l'honneur du Frère Rolland-Germain, f.é.c., qui fut de moitié dans tous les travaux botaniques exécutés autour du golfe du Saint-Laurent par le Frère Marie-Victorin et à qui nous devons tant de trouvailles de première grandeur.[187]

et une autre, sous celui de *Erigeron Provancheri*, «espèce dédiée à l'abbé Léon Provancher, l'auteur d'une *Flore canadienne* et l'un des rares naturalistes canadiens au siècle dernier.»[188]

Marie-Victorin pouvait écrire à juste titre:

Les herborisations ont enrichi la phytogéographie du Canada de faits nouveaux qui ont jeté le doute sur certaines généralisations trop absolues, et amené à modifier ou à formuler autrement telle théorie devenue classique.[189]

Certaines de ces herborisations sont particulièrement pénibles pour le frère. Ainsi, lors de l'expédition au mont Albert, en Gaspésie, en 1923, aidé de Rolland-Germain qui porte ses bagages, il réussit à se rendre jusqu'au sommet, mais ne peut y rester avec ses collaborateurs qui l'y ont précédé, parce qu'il a de la difficulté à respirer. Il doit donc se résoudre à redescendre, laissant à ceux qui l'accompagnent, le plaisir de l'herborisation sur les hautes cimes.

Pierre Dansereau reconnaît combien ces excursions avec le frère étaient enrichissantes pour ceux qui avaient le privilège de l'accompagner:

To those of us who have had the privilege of accompanying him on these trips, each was rich in discoveries and eventful in many other ways. We were sure to return not only with a sheaf of newly acquired facts but with the sense of having been touched by the light and the warmth of a rich and powerful personality.

We would stop by the roadside and pick up some tiny *Euphrasia* or some coarse *Solidago*. In a few words he would make it live, he would project its form into time and space, all the while fingering its leaves, its flowers or fruits with hands that felt its very substance. He did to it with a few simple words what Leonardo da Vinci did to the violets and stars of Bethlehem he drew: he made them seem more real than the living plant.

It was on such an excursion that he died — as no doubt he would have chosen to. He died on the roadside not very far from his birthplace.[81]

Au moment où commencent les *Contributions*, Jules Brunel entreprend de les exporter sur une grande échelle. En réponse, des centaines d'institutions envoient leurs travaux. Encouragé, il entreprend une campagne de pénétration pacifique en France, en Angleterre, aux États-Unis, en Allemagne, en Scandinavie, en Pologne, au Japon, en Chine, en Russie soviétique, en Afrique du Sud, en Australie, en Amérique du Sud, etc. Des milliers de publications arrivent de cette façon et l'Institut reçoit près de six cents périodiques de vingt ou de vingt-cinq pays différents. Les échanges avec ces pays de même que les voyages du frère *à travers trois continents*, en Californie et à Haïti, ainsi que ses *Itinéraires botaniques dans l'île de Cuba* (trois volumes) s'ajoutant à ses excursions à travers le Québec, contribuent à enrichir l'Institut qui possède, en 1941, des collections de vingt mille photographies y compris douze mille diapositives coloriées à la main et mille diapositives kodachromes. De plus, l'Institut possède un herbier qui compte plusieurs centaines de milliers de spécimens.

Quand paraît la *Flore laurentienne* en 1935, elle est enfin la somme de toutes les herborisations, de toutes les recherches et de toutes les études faites sur les plantes de ces régions du Québec qui constituent la Laurentie. L'idée de cet ouvrage est née dans l'esprit de Marie-Victorin en 1914, ainsi qu'en témoigne cet extrait d'un article du frère dans le *Naturaliste canadien*:

> La *Flore canadienne* fut une oeuvre surprenante pour le temps où elle parut. (...) Je considère qu'une réédition de Provancher dans ses cadres essentiels serait inopportune. (...) J'estime qu'il nous faut une 'Nouvelle Flore illustrée de la province de Québec'. J'insiste sur l'illustration qui seule rend l'ouvrage utilisable pour ceux qui ne sont pas des spécialistes.[190]

Pour cette illustration, Marie-Victorin s'en remet au Frère Alexandre Blouin, tant et si bien que l'illustration de la *Flore laurentienne* sera l'oeuvre maîtresse de cet habile dessinateur. Pour Marie-Victorin, cette illustration est très importante; elle l'est à tel point qu'il dit au Frère Alexandre: «Si tu veux bien m'aider à illustrer la *Flore*, je la ferai, sinon, je ne la ferai pas.»

La collaboration se fait également au niveau de la recherche: «Mes correspondants me dévorent et j'échange tant que je puis pour mettre mon herbier en forme pour le grand travail de la *Flore*.»[191]

Il mentionne entre autres une collection de 750 spécimens venus du Nouveau-Mexique. Ses principaux correspondants à l'époque sont Messieurs Sargent et Fernald, M. L. Britton, Miss Chase, les Pères Nieuwland et Stuhr, de même que le Museum d'histoire naturelle de Paris, mais il compte beaucoup sur le Frère Rolland-Germain, en mission à Ottawa, à ce moment-là:

> Il faudra bûcher encore avec les *Carex* et les Graminées. Ce sera un gros morceau quand nous ferons notre *Flore*.[192]

Employez bien votre temps et tout ce que vous ferez sera bien utile pour notre prochaine Flore du Québec.[193]

C'était en 1916. Quatre ans plus tard, il entrevoit avec enthousiasme l'aboutissement de leurs efforts:

Dans les conditions présentes, et si vous marchez un peu vos *Carex*, il se peut que nous soyons en état de publier notre ouvrage dans deux ans. Et ce va être magnifique, beaucoup mieux que Britton ou que toute autre Flore américaine.[194]

Malheureusement, ce ne sont pas deux mais quinze années de patience et de travail que la *Flore* exigera encore du frère et de ses collaborateurs; pourtant ces derniers sont nombreux: Jacques Rousseau prépare la clef analytique et rédige des passages sur les *Viola* et les *Astragalus*. En plus de son chapitre sur les *Crataegus*, Jules Brunel fait la lecture des textes avec Marie-Victorin et avec Marcelle Gauvreau, et supervise la correction des épreuves; Émile Jacques recopie les manuscrits; Marcelle Gauvreau collabore au Glossaire et à l'Index. Mais tout le reste revient, comme il se doit, au Frère Marie-Victorin, sauf l'illustration qui est l'oeuvre du seul Frère Alexandre: 22 cartes et 2 800 dessins. En toute honnêteté et gratitude, le frère, dans son allocution prononcée au lancement de la *Flore laurentienne* en 1935, reconnaît cette collaboration que seule une relation qui s'élève au-dessus des obligations purement professionnelles peut expliquer:

Nous formons ensemble une famille, la plus belle, et la plus unie des familles (...); depuis quinze ans, nous avons été capables de collaborer (...), nous avons pu organiser à l'Institut et dans sa sphère d'influence le difficile travail d'équipe. Le seul mérite que je me reconnaisse en tout ceci c'est d'avoir réussi à forger avec ces métaux précieux et divers que sont les riches personnalités de mes collaborateurs un être moral d'une certaine unité et orienté dans un sens défini.

Il ne faut donc pas s'étonner si une si belle famille produit son fruit naturel, un enfant. Comme l'amour lui-même, l'amitié et le dévouement sont de merveilleux créateurs. (...) C'est un livre tout gonflé de sève et de mystère. (...) Ce n'est pas un dieu. Ce n'est pas, non plus, je l'espère, une cuvette. C'est une oeuvre de dur labeur et de bonne volonté.[195]

Quand, la même année, la France lui remet le Prix de Coincy, il attribue de nouveau cet honneur non à ses mérites personnels mais à ceux de son équipe. Nous ne pouvons oublier cependant que cette équipe exceptionnelle, c'est lui-même qui l'a formée:

Je suis infiniment reconnaissant à la France et à l'Académie des Sciences de Paris pour cet honneur qui, je le comprends, est plutôt un encouragement à la botanique canadienne française renaissante qu'un hommage à mes mérites personnels.

'Prix de Coincy décerné au Frère Marie-Victorin pour l'ensemble de ses travaux botaniques' m'ont écrit Messieurs les secrétaires perpétuels de l'Académie des Sciences.

Or l'ensemble de mes travaux botaniques c'est pour une large part le travail de mes collaborateurs et collaboratrices. Le Prix de Coincy leur appartient largement en justice.[196]

La publication de la *Flore laurentienne* reçoit un accueil enthousiaste, et pour cause. Pierre Dansereau souligne ce qui fait de cet ouvrage quelque chose d'unique, à cette étape de l'évolution de la science:

This flora was conceived and written in an entirely new form. It was the first flora to include chromosome numbers. The marginal notes appended to almost every species contain a wealth of information, much of it first hand and unpublished elsewhere, which is useful to the geneticist, the ecologist, the agronomist, the silviculturist and the student of folklore as well as to the teacher.[81]

L'échange de *Contributions* avec l'étranger se poursuit. Marie-Victorin lui-même n'avait pas négligé ce précieux apport dès les débuts de sa carrière. Il avait consulté, ainsi que le mentionne Robert Rumilly, Lloyd de McGill, Fernald de Harvard, Otto Leonhardt de Saxe, Norman Criddle du Manitoba, «George Kaiser de Pennsylvanie pour les Mousses, George Conklin du Wisconsin pour les Hépatiques, G. Hasse de la Californie pour les Lichens, LeRoy Andrews d'Ithaca, M. L. Britton de New York.» Il ne tarda pas par la suite à multiplier les échanges avec les sommités de plusieurs pays européens. C'est ainsi et par toute une vie consacrée à la promotion des sciences naturelles qu'il acquit cette renommée universelle et, avec elle, les plus grands honneurs:

1923: Lauréat du Prix David pour sa thèse sur les Filicinées du Québec;

1931: Prix David pour ses *Contributions du Laboratoire de botanique de l'Université de Montréal;*

1932: Prix Gandoger de la Société botanique de France;

1935: Prix Coincy de l'Académie des Sciences de Paris; Décoration octroyée par George V;

1936: Médaille d'or de la Société Provancher d'Histoire naturelle, pour la *Flore laurentienne;*

1938: Officier de l'Ordre national Honneur et Mérite de la République d'Haïti; Cravate de Commandeur du Mérite agricole pour avoir délimité le grand problème de l'agriculture québécoise: utilisation des terres acides et recherche des plantes silicicoles;

1944: Décoré par le gouvernement cubain de l'Ordre de Cespedès (Ordre national du Mérite); Médaille Léo Parizeau, décernée par l'Acfas, à titre posthume.

Ainsi l'oeuvre gigantesque de cet homme à la santé toujours menacée fut universellement reconnue jusqu'à sa dernière année, et son étoile ne connut pas de déclin.

«Mais comment voyons-nous cette oeuvre aujourd'hui?»
Laissons à Pierre Dansereau le soin de répondre à cette
question:

> Elle repose, sur le plan purement scientifique, sur
> trois piliers, si l'on peut dire: l'inventaire floristique,
> la phytogéographie et l'écologie. La *Flore lauren-
> tienne*, en 1935 et encore aujourd'hui, nous apparaît
> comme un catalogue descriptif d'une grande orgina-
> lité. Elle a toute la rigueur des modèles offerts par
> les botanistes européens et américains, et elle com-
> porte en plus une richesse extrême de renseigne-
> ments qui ont fourni un point de départ à d'innom-
> brables recherches. Avec les additions que lui a
> apportées Ernest Rouleau, elle demeure l'ouvrage
> monumental de référence, utilisable bien au-delà de
> nos frontières. Ceci ne veut pas dire que l'inventaire
> lui-même est terminé. Loin de là, surtout en ce qui
> concerne les plantes non vasculaires.

> La phytogéographie était au centre des préoccupa-
> tions de Marie-Victorin. Disciple avoué de Fernald,
> il est allé plus loin que lui, explorant non seulement
> les espaces glaciés du Canada, mais aussi le do-
> maine tropical, particulièrement antillais. Son in-
> troduction à la *Flore laurentienne* demeure un mo-
> dèle qu'aucune flore territoriale n'a dépassé. Certes,
> Marcel Raymond (1950) est allé plus loin, mais à
> l'intérieur des cadres déjà tracés. Les essais floristi-
> ques de 1929 et de 1938 posaient des questions qui
> n'ont pas toutes été résolues — loin de là.

> Beaucoup de ces questions, à vrai dire, avaient un
> caractère écologique. La conscience des pressions
> climatiques et édaphiques, l'attention aux interac-
> tions génétiques et environnementales sont évi-
> dentes déjà dans les notes de la *Flore laurentienne*,
> mais encore plus dans les *Itinéraires*, soit à Cuba
> (& Léon, 1942, 1944) soit en Minganie (complété
> par le Frère Rolland-Germain, 1969). Ceux qui ont

eu le privilège de lire, en outre, son journal de voyage en Afrique, ont été impressionnés **autant par** la sensibilité que par l'acuité de ses observations.[197]

3

1944: BLACK LAKE, EXCURSION SANS RETOUR

Le Frère Marie-Victorin, nous le savons bien maintenant, profitait des vacances pour multiplier les excursions avec ceux de ses collaborateurs qui n'étaient pas déjà eux-mêmes en voyage d'études. Il avait ainsi parcouru toute la province et même dépassé largement ses frontières. Ce jour-là, il avait dit avant de partir: «Je ne suis pas bien, mais il fait si beau! Et puis, si j'attendais d'être bien pour partir, nous ne partirions jamais.» C'était le 15 juillet 1944. Marcel Raymond a écrit, dans *Le Devoir* du 12 août, la relation détaillée de cette journée d'herborisation, qui devait se terminer tragiquement; nous nous en inspirons.

Les excursionnistes prennent leur place habituelle dans la voiture. Le chauffeur, cette fois-ci, est André Champagne qui a, à sa droite, le Frère Marie-Victorin. Le Frère Rolland-Germain, James Kucyniak et Marcel Raymond prennent place sur la banquette arrière. Le but du voyage est Black

Lake dans les Cantons de l'Est où ils espèrent trouver une petite fougère rarissime, qui ne croît que sur les roches serpentineuses, *le Cheilanthes siliquosa.*

Comme le frère a oublié sa canne, le groupe s'arrête de village en village jusqu'à Drummondville où il trouve enfin ce qu'il cherche.

En chemin, le frère parle de son auteur préféré, Thomas Mann, et de son livre *Le cycle de Joseph.* Les autres admirations de Marie-Victorin, d'après Marcel Raymond, sont: Léonard de Vinci, Claudel, Néfertiti et Akhanaton, le Pharaon sous lequel Joseph avait été intendant.

Vers dix heures trente, ils s'arrêtent au bord de la route près d'une dune de sable, le temps de prendre une tasse de café et des biscuits de gruau apportés par Marcel et que le frère trouve très bons. Marcel récolte un mûrier, le *Rubus tholiformis* auquel le frère s'intéresse.

À Saint-Cyrille, ils coupent un cortège et Marcel fait remarquer en riant que, dans sa famille, c'est considéré de mauvais augure. Ils herborisent un peu ici et là et s'arrêtent à Saint-Ferdinand de Halifax, pour prendre un dîner plantureux et charmant. Cette fois la conversation porte sur les élections, les travaux en cours, des lectures, le tout entremêlé de blagues. Puis le frère s'extasie devant le lac Williams.

Quand ils arrivent à Black Lake, Marie-Victorin reste dans l'auto, au bord du lac, près d'un petit chalet abandonné. Le frère, qui peut difficilement marcher et ne peut plus se pencher, doit se contenter pour le moment de lire et d'écrire: il prépare, pour l'émission *La Cité des plantes*, à Radio-Canada, sa causerie d'ouverture qu'il intitule: *Voyez les lis des champs*, mais il souffre de ne pouvoir accompagner ses amis et leur présence lui manque.

Enfin, à dix-sept heures trente, ils viennent le retrouver. On collationne, puis on étale les plantes, les plaçant avec précaution dans du papier journal. Le frère raconte qu'en 1921, E.T. Wherry avait rapporté une petite fougère trouvée sur les collines serpentineuses de Black Lake, le *Cheilanthes siliquosa*;

cette fois-ci, c'est le Frère Rolland-Germain qui a eu le bonheur de la trouver. Puis, on repart.

À dix-huit heures trente, on s'arrête de nouveau à Saint-Ferdinand de Halifax pour le souper. Le frère parle des goûts et des modes en littérature. Il n'a donc jamais renié ses premières amours. Avant de reprendre la route, il demande si on a des objections à faire un détour par Saint-Norbert et Marcel de répondre: «Peu importe l'heure du retour. Aujourd'hui, toute la journée est à vous.»

Le frère rappelle alors l'arrivée de son aïeul à Saint-Norbert: il y était venu à pied abattre le premier arbre, planter la première croix de chemin, jeter les premières graines de blé. Il veut retrouver son enfance et lui dire adieu après y avoir jeté un dernier regard. Il sort donc de la voiture, descend très vite la côte, entre chez le plus jeune de ses oncles, remonte dans l'auto, arrête chez un ami d'enfance, puis chez un second: «Que de souvenirs!»

Enfin, un dernier arrêt pour examiner une Crucifère litigieuse: la dernière plante qu'il ait touchée. Dans l'automobile, c'est l'accalmie, le silence paisible, après une journée bien remplie, certainement fatigante pour le frère.

Soudain, deux faisceaux lumineux se braquent sur eux; le choc suit immédiatement: il est environ vingt-deux heures trente. Le frère qui somnolait se frappe la tête contre le pare-brise et son corps se trouve comprimé entre le tableau de bord et la banquette.

Aucune des portières ne s'ouvre; Jim sort par une fenêtre, force la portière avant et, avec Marcel, délivre le frère, le visage couvert du sang d'une coupure légère au front: un éclat de verre s'est logé au-dessus de l'oeil; il a également le pied cassé. On ouvre le coffre arrière et on y asseoit le frère.

On se trouve sur la voie Sir Wilfrid Laurier, entre Saint-Hyacinthe et Sainte-Rosalie. Un automobiliste offre son aide, mais Marie-Victorin refuse: «Je veux rester avec vous autres.» Il parle doucement, s'informe de chacun; il demande de la coramine, mais le sang s'est amassé dans sa bouche et le médicament s'en échappe. On demande aux automobilistes de prévenir l'hôpital. Après vingt minutes, le frère dit: «Je crois que mon coeur n'endurera pas ça.» Il ressent de gros frissons. Après dix autres minutes, il monte dans un taxi, soutenu par ses amis. En route pour l'hôpital, il s'effondre, entouré de ses fidèles collaborateurs et amis.

Ainsi s'achève la vie du Frère Marie-Victorin, sans agonie, sans souffrances plus grandes que celles qui l'avaient toujours accompagné et qui l'avaient très tôt, dès 1905, détaché de la vie même: «Je quitterais la vie sans beaucoup de regret; je n'ai aimé ici-bas que deux choses: mes parents et la vérité.»[9]

De même, cet autre souhait exprimé dix ans plus tard, fut-il réalisé dans sa vie consumée pour le Christ et sous son regard:

> La semaine dernière, nous cueillions les premières Hépatiques dans le bois Donnelly. Nous les avons mises devant notre Christ où elles achèvent de mourir. Belle mort! C'est ainsi que je voudrais mourir, après avoir vécu... fleur! (1915)[9]

Est-ce prémonition? Le frère rédigeait son testament en cette même année 1944, le 17 février. Dans les quelques extraits qui suivent, il s'adresse aux trois familles qui ont rempli sa vie:

> Je prie mes confrères en religion de me pardonner les mauvais exemples que j'ai pu leur donner; je les prie aussi de se souvenir de moi dans leurs prières et de demander au Maître de la vie de me juger non selon mes faiblesses, mais selon sa bonté et la sincérité de mon coeur; (...)

> À mes collaborateurs de l'Institut botanique de l'Université de Montréal et du Jardin botanique de Montréal, je rends le témoignage qu'ils m'ont toujours servi avec dévouement et désintéressement. Ils ont été ma famille et ont remplacé celle dont j'avais fait le sacrifice. Je les en remercie une dernière fois, du fond du coeur! Et je leur demande aussi, maintenant que je ne suis plus là, d'unir leurs forces frater-

nellement, pour faire des deux institutions, de grandes et durables oeuvres pour le service du bien et du vrai.

À mes soeurs bien-aimées qui sont toute ma famille, je parle maintenant:

Continuez à vous aimer entre vous, à vous supporter, à secourir celle ou celles qui pourraient souffrir physiquement ou moralement, vous inspirant en cela des exemples qui nous ont été laissés par le Chevalier François Kirouac, par notre sainte mère, et par notre père très bon et très aimé.

Élevez vos enfants dans l'amour de Dieu, et puisque le nom de Kirouac est éteint dans notre famille, faites que ces enfants n'oublient pas ceux qui l'ont porté et honoré. (...)

fr. Marie-Victorin

On croirait qu'ici se clôt l'aventure terrestre du Frère Marie-Victorin; au contraire, elle se continue à travers tous ceux qui poursuivent son oeuvre d'éducation et son travail de recherche dans le champ maintenant reconnu chez nous des sciences naturelles.

Le Frère Marie-Victorin, à l'île Quin, dans l'archipel de Mingan, le 28 juillet 1924. *Cirsium minganense* **Victorin.**

Herborisation au ruisseau du Point-du-jour, en juillet 1940.

Entrée principale de l'Institut botanique de l'Université de Montréal et du Jardin botanique de Montréal.
(photo: Roméo Meloche)

Le jardin des plantes vivaces du Jardin botanique de Montréal.
(photo: Roméo Meloche)

4

LA SURVIE GLORIEUSE

Avec cette mort subite, mais non imprévue, se réalise ce voeu du frère: «Les quelques années qui nous restent à vivre — pour moi, ce sera court, je le sais — employons-les à semer le bien, et la joie, et le bonheur.»[198]

Courte, sa vie le fut relativement. Utile, très certainement, et reconnue comme telle non seulement par ceux qui ont côtoyé le frère jour après jour, mais par des personnes qui n'ont même pas vécu à son époque et que son oeuvre a cependant impressionnées. En 1979, paraissait en effet dans la revue *Recherches sociographiques* un long article intitulé: «Le Frère Marie-Victorin et les 'petites sciences'»; nous en reproduisons quelques extraits:

La culture classique (était) fondée sur la transmission de connaissances littéraires et philosophiques et orientée vers une formation intellectuelle détachée des contingences de tout utilitarisme. **Pour** (les) nouveaux agents économiques, il apparaît indispensable, en fonction même de l'industrialisation qui provoque leur émergence, que les savoirs soient plus pratiques et plus utilitaires (...).

Dans un texte publié dès 1917 par la *Revue canadienne* un professeur au secondaire, botaniste amateur, le frère Marie-Victorin (qui deviendra la figure dominante du milieu scientifique québécois de la première moitié du XXe siècle) présente les principaux éléments de cette argumentation et donne le ton au débat en affirmant: 'Aucun de nous, professeurs chrétiens, n'est partisan de la science purement objective, de la science pour la science.' Le témoignage de ce frère-enseignant est d'autant plus important que celui-ci réunit la conviction religieuse et la compétence scientifique et qu'il illustre concrètement la possibilité d'exercer simultanément des activités religieuses et scientifiques, sans que celles-ci ne deviennent antinomiques, sans que la 'religion de l'esprit' ne vienne détruire 'l'esprit' de religion.

Tout l'effort du Frère Marie-Victorin (...) est de répondre à la demande de vulgarisation des données scientifiques.

À plusieurs égards, l'itinéraire de carrière d'un Marie-Victorin peut apparaître exceptionnel: celui-ci parvient en effet à transformer en avantage ce qui semble au départ un handicap, à savoir son appartenance à une communauté de 'petits frères'.

Au moment où il meurt accidentellement en 1944, à l'âge de 59 ans, le Frère Marie-Victorin n'est pas seulement un universitaire et un scientifique de tout premier plan au niveau national et international... il est aussi un intellectuel québécois bien connu et reconnu comme tel... qui demeure très attaché à sa communauté religieuse et qui est très présent dans divers débats culturels et politiques.[199]

Si donc, aujourd'hui, «on ne parle plus de petites sciences pour désigner les sciences de la vie», ainsi que le soulignait Louis-Philippe Audet, c'est certainement grâce au Frère Marie-Victorin, à cet homme dont la constante préoccupation fut

> d'approfondir en particulier la science aimable à laquelle il s'est donné depuis l'avènement de ses vingt ans, et qui, de son propre aveu, lui a procuré les plus pures joies de sa vie, joies qui ne l'ont jamais trompé, jamais déçu.[84]

Ainsi apparaissait à Jules Brunel, dès 1928 «après dix années passées à ses côtés, sans un heurt, sans un froissement, la sereine figure du Frère Marie-Victorin». Aussi ce fidèle compagnon ne manque-t-il pas de conclure sa description en conviant ses compatriotes à admirer le frère:

> Un homme, enfin, qui jette un lustre inaccoutumé sur tout le Canada-français, et que ses compatriotes, en toute justice, devraient révérer toujours puisqu'il est une de leurs gloires nationales.[84]

Ce souhait s'est réalisé au fil des années, du vivant même du frère. À sa mort, les témoignages se font très nombreux. Robert Rumilly en relève une quarantaine. L'extrait suivant d'un journal résume assez bien la pensée de ses admirateurs à ce moment tragique:

> La mort du Frère Marie-Victorin des Frères des Écoles chrétiennes, directeur du Jardin et de l'Institut botanique de Montréal, est un deuil national dans le monde scientifique canadien. Le regrettable accident d'automobile survenu samedi soir, qui a finalement coûté la vie à cet éminent religieux, prive le Canada d'un homme qui avait déjà réalisé de grandes choses et qui était en mesure d'en réaliser d'aussi considérables encore.

À l'égal de ses oeuvres, la personnalité du frère, qui lui a permis de les réaliser, mérite notre admiration. Pierre Dansereau en précise les traits caractéristiques:

Contact with a mind in which faith, intelligence and an intimate knowledge of scientific facts as well as artistic and poetic revelations coexisted so harmoniously, was stimulating. That one mind should firmly grasp such diversity and make it its own, and show no trace of pedantic encyclopedism, was no less admirable.[81]

Patriote authentique ayant toujours mis son génie et consacré toutes ses énergies à promouvoir le fait scientifique au Québec de manière à faire connaître son pays dans le monde entier, le Frère Marie-Victorin méritait bien d'être rappelé à la mémoire de la nation au défilé de la Saint-Jean, le 24 juin 1945. *Le Devoir* décrit ainsi le char no 19:

Le char représente La Flore du Canada, tandis que les élèves du grand botaniste rassemblent les gerbes de plantes qu'ils ont cueillies lors d'une dernière herborisation. À l'avant du char est placé le buste du Frère Marie-Victorin.

En 1954, le premier ministre Duplessis dévoilait un monument en son honneur au Jardin botanique. Et le rappel de ce qu'il a toujours cherché, associer la science et la foi, demeure incrusté à l'entrée du pavillon central de l'Institut grâce à ce texte évangélique qui invite à s'abandonner à la Providence, attentive aux besoins même d'une humble fleur des champs: «Voyez les lis des champs comme ils croissent.» Ce double idéal scientifique et religieux, il le poursuit jusqu'à la toute fin. La dernière page qu'il écrit, quelques heures avant de mourir en témoigne:

Dans ce monde où tout est mystère, le mystère des mystères est sans doute la fleur. Créée pour l'amour, et oeuvre d'amour et de prédilection, semble-t-il, pour Celui qui l'inventa. Dans ce monde des plantes que l'on dit inconscient, qui ne pense ni n'admire, pourquoi l'oeuvre d'amour est-il entouré de toute cette beauté, de tout cet art de la forme, de la couleur, du parfum?

La fleur du Lis. La géométrie servante de la beauté. La courbe. L'angle savant. L'équilibre de la couleur. Le nombre mystérieux de trois. Trois carpelles, trois berceaux conjugués où repose dans son effarante complication de forme microscopique et de puissance de devenir, l'ovule, demi-vie dont l'autre moitié est là, au-dessus, dans les deux verticilles de trois étamines qui attendent l'instant d'ouvrir leurs anthères et de libérer le pollen fécond.

Puis, les éléments procréateurs sont en présence. C'est un drame qui se joue, drame dont l'enjeu est une vie nouvelle et abondante, la perpétuation de l'être de beauté qui depuis des milliers d'années embellit notre planète. Mais, à ce drame, il faut un décor d'intimité: trois grands pétales et trois grands sépales, presque identiques, forment ce décor nuptial. Rideaux blancs, rideaux orangés, groupés en étoiles qui sont peut-être ce qu'il y a de plus beau dans le monde des fleurs. L'Orchidée est prétentieuse et la Rose compliquée. C'est de la parure du Lis que le Maître a dit: 'En vérité, je vous le dis, Salomon dans toute sa gloire n'a jamais été vêtu comme l'un d'eux.'[200]

Depuis, des institutions prestigieuses ont adopté le nom du frère rappelant ce qu'il fut et ce qu'il demeurera sans doute aussi longtemps que, de la terre généreuse, naîtront et s'épanouiront, pour le plaisir des humains et la gloire du Créateur, des plantes portant des feuilles, des fleurs et des fruits.

Table des références

1. Les citations de ce chapitre, sauf indication contraire, ont été extraites de: MARIE-VICTORIN, F., é.c., *À travers trois continents*. Montréal 1931, manuscrit inédit dactylographié, conservé au bureau des archives des F.E.C., 447 pp.

2. RUMILLY, Robert, *Le Frère Marie-Victorin et son temps*. Montréal, Les Frères des Écoles chrétiennes, 1947. 459 pp., p. 161.

3. MARIE-VICTORIN, F., é.c., «Dix ans après», *Revue trimestrielle canadienne*, 20 mars 1934, pp. 26-36.

4. MARIE-VICTORIN, F., é.c., *Récits laurentiens*. Montréal, Les Frères des Écoles chrétiennes, 1919, 207 pp. «La Corvée des Hamel», pp. 21-22.

5. MARIE-VICTORIN, F., é.c., «L'Arbre», *Le Devoir*, 29 juillet 1944.

6. MARIE-VICTORIN, F., é.c., *op. cit.*, réf. 4, «Ne vends pas la terre», p. 128.

7. MARIE-VICTORIN, F., é.c., *Croquis laurentiens*, Montréal, Les Frères des Écoles chrétiennes, 1920, 304 pp. «La pointe des monts», pp. 76-77.

8. MARIE-VICTORIN, F., é.c., *op. cit.*, réf. 4, «Sur le renchaussage», pp. 79-82.

9. MARIE-VICTORIN, F., é.c., *Mon Miroir*, journal manuscrit et inédit, rédigé entre 1903 et 1920, conservé au bureau des archives des F.E.C.

10. MARIE-VICTORIN, F., é.c., «Collines montérégiennes», *Revue trimestrielle canadienne*, pp. 254-272.

11. MARIE-VICTORIN, F., é.c., *Flore laurentienne*. Montréal, Les Presses de l'Université de Montréal, 2e éd., revue et mise à jour par Ernest Rouleau, 1964, 925 pp. p. 248.

12. MARIE-VICTORIN, F., é.c.,*op. cit.*, réf. 7, «Le Lac seigneurial de Saint-Bruno», pp. 56-60.

13. MARIE-VICTORIN, F., é.c., «Aperçu sur la flore de la montagne de Saint-Hilaire», *Bulletin de la Société de Géographie*, Québec, mai-juin 1918, pp. 163-168.

14. MARIE-VICTORIN, F., é.c., *op. cit.*, réf. 7, «Le Lac des Trois-Saumons», p. 67.

15. MARIE-VICTORIN, F., é.c., *op. cit.*, réf. 7, «Le Havre-au-ber», p. 186, et «L'Étang-du-Nord», pp. 200-201.

16. MARIE-VICTORIN, F., é.c., *op. cit.*, réf. 11, p. 515.

17. MARIE-VICTORIN, F., é.c., document inédit. Lettre à Mère Marie-des-Anges, 13 juillet 1920.

18. MARIE-VICTORIN, F., é.c., Correspondance avec F. Rolland-Germain, é.c., manuscrit inédit, propriété de M. Samuel Brisson, prof. à l'Université de Sherbrooke, Québec. Lettre du 11 novembre 1920.

19. FRANCOEUR, Louis, «Marie-Victorin», *Le Journal,* Québec, 7 octobre 1932.

20. BEAUDET, Gilles, é.c., *Confidence et combat*, Lettres (1924-1944), F. Marie-Victorin, présentées et annotées. Montréal, Lidec, 1969. Lettre à Mère Marie-des-Anges, 2 mai 1934.

21. MARIE-VICTORIN, F., é.c., *op. cit.*, réf. 20. Lettre à Mère Marie-des-Anges, 6 juillet 1934.

22. MARIE-VICTORIN, F., é.c., *op. cit.*, réf. 20. Lettre à Mère Marie-des-Anges, 5 août 1934.

23. MARIE-VICTORIN, F., é.c., *op. cit.*, réf. 20. Lettre au Frère Sennen, 15 novembre 1934.

24. Les citations de ce chapitre, sauf indication contraire, ont été extraites de: AUDET, Louis-Philippe, *Le Frère Marie-Victorin, éducateur*. Québec, Les Éditions de l'Érable, 1942, 283 pp.
Les références seront présentées ainsi: la référence origi-

nale suivie de (L.-P. A., p....).
Op. cit., réf. 3. (L.-P. A., p. 5.)

25. MARIE-VICTORIN, F., é.c., «Le Concours de botanique du Devoir», *Le Devoir*, 10 novembre 1930. (L.-P. A., p. 17.)

26. MARIE-VICTORIN, F., é.c., «La Province de Québec, pays à découvrir et à conquérir», *Le Devoir*, 25 septembre 1925. (L.-P. A., 19-20.)

27. MARIE-VICTORIN, F., é.c., «La Science et nous», *Revue trimestrielle canadienne,* décembre 1926. (L.-P. A., p. 24.)

28. MARIE-VICTORIN, F., é.c., *op. cit.*, réf. 18. Lettre du 31 mai 1918.

29. MARIE-VICTORIN, F., é.c., «Les Cercles de jeunes naturalistes», *Le Devoir,* 12 mai 1931. (L.-P. A., p. 71.)

30. MARIE-VICTORIN, F., é.c., «La Tâche des naturalistes canadiens français», *Le Devoir,* 16 janvier 1935. (L.-P. A., p. 33.)

31. MARIE-VICTORIN, F., é.c., *Annales de l'Acfas* (1), 1935, pp. 15-16. (L.-P. A., p. 33.)

32. MARIE-VICTORIN, F., é.c., *L'Oeuvre d'un siècle,* «Un Siècle de rayonnement lasallien», 1937. (L.-P. A., p. 98.)

33. MARIE-VICTORIN, F., é.c., *op. cit.*, réf. 18. Lettre du 2 juillet 1915.

34. MARIE-VICTORIN, F., é.c., *op. cit.*, réf. 20. Lettre à Mère Marie-des-Anges, 29 décembre 1929.

35. MARIE-VICTORIN, F., é.c., *op. cit.*, réf. 20. Lettre à Mère Marie-des-Anges, 23 décembre 1930.

36. MARIE-VICTORIN, F., é.c., *op. cit.*, réf. 20. Lettre à Mère Marie-des-Anges, 5 avril 1933.

37. MARIE-VICTORIN, F., é.c., *op. cit.*, réf. 20. Lettre à Mère Marie-des-Anges, 23 décembre 1930.

38. MARIE-VICTORIN, F., é.c., *op. cit.*, réf. 20. Lettre à Mère Marie-des-Anges, 3 octobre 1938.

39. MARIE-VICTORIN, F., é.c., *op. cit.*, réf. 20. Lettre à Mère Marie-des-Anges, 31 décembre 1934.

40. MARIE-VICTORIN, F., é.c., *op. cit.*, réf. 20. Lettre à Mère Marie-des-Anges, 15 août 1935.

41. MARIE-VICTORIN, F., é.c., *op. cit.*, réf. 20. Lettre à Mère Marie-des-Anges, 23 décembre 1930.

42. MARIE-VICTORIN, F., é.c., *op. cit.*, réf. 20. Lettre à Mère Marie-des-Anges, 25 décembre 1935.

43. MARIE-VICTORIN, F., é.c., *op. cit.*, réf. 4. «Sur le renchaussage», p. 98.

44. RUMILLY, Robert, *op. cit.*, réf. 2, pp. 298-299.

45. MARIE-VICTORIN, F., é.c., *op. cit.*, réf. 20. Lettre au Frère Directeur, 9 juillet 1929.

46. MARIE-VICTORIN, F., é.c., *op. cit.*, réf. 18. Lettre du 22 mars 1915.

47. MARIE-VICTORIN, F., é.c., *op. cit.*, réf. 18. Lettre du 30 novembre 1914.

48. MARIE-VICTORIN, F., é.c., *op. cit.*, réf. 18. Lettre du 16 septembre 1914.

49. MARIE-VICTORIN, F., é.c., *op. cit.*, réf. 18. Lettre du 30 décembre 1916.

50. MARIE-VICTORIN, F., é.c., *op. cit.*, réf. 18. Lettre du 11 septembre 1921.

51. MARIE-VICTORIN, F., é.c., *op. cit.*, réf. 18. Lettre du 13 septembre 1917.

52. MARIE-VICTORIN, F., é.c., *op. cit.*, réf. 18. Lettre du 24 décembre 1917.

53. MARIE-VICTORIN, F., é.c., *op. cit.*, réf. 18. Lettre du 23 mai 1923.

54. MARIE-VICTORIN, F., é.c., *op. cit.*, réf. 18. Lettre du 13 septembre 1917.

55. MARIE-VICTORIN, F., é.c., *op. cit.*, réf. 18. Lettre du 23 juin 1923.

56. MARIE-VICTORIN, F., é.c., *op. cit.*, réf. 18. Lettre du 17 juin 1924.

57. MARIE-VICTORIN, F., é.c., *op. cit.*, réf. 18. Lettre du 22 juin 1924.

58. MARIE-VICTORIN, F., é.c., *op. cit.*, réf. 18. Lettre du 13 novembre 1914.

59. MARIE-VICTORIN, F., é.c., *op. cit.*, réf. 18. Lettre du 11 avril 1919.

60. MARIE-VICTORIN, F., é.c., *op. cit.*, réf. 18. Lettre du 17 avril 1917.

61. MARIE-VICTORIN, F., é.c., *op. cit.*, réf. 18. Lettre du 17 octobre 1917.

62. MARIE-VICTORIN, F., é.c., *op. cit.*, réf. 18. Lettre du 13 avril 1924.

63. MARIE-VICTORIN, F., é.c., *op. cit.*, réf. 18. Lettre du 16 septembre 1914.

64. AUDET, Louis-Philippe, *op. cit.*, réf. 24, Avant-propos, p. vii.

65. MARIE-VICTORIN, F., é.c., *op. cit.*, réf. 2, pp. 415-416. Lettre du 18 mai 1944.

66. MARIE-VICTORIN, F., é.c., *op. cit.*, réf. 20. Lettre au Frère Sennen, 15 novembre 1934.

67. MARIE-VICTORIN, F., é.c., *op. cit.*, réf. 18. Lettre du 10 mars 1916.

68. MARIE-VICTORIN, F., é.c., *op. cit.*, réf. 18. Lettre du 4 octobre 1916.

69. Correspondance échangée entre F. Marie-Victorin, é.c.,

et M. L. Fernald; manuscrit inédit conservé aux archives de l'Institut botanique de l'Université de Montréal, Fernald, M. L.. Lettre du 5 mai 1938.

70. MARIE-VICTORIN, F., é.c., *op. cit.*, réf. 2, pp. 410-411. Lettre du 26 avril 1944.

71. MARIE-VICTORIN, F., é.c., *op. cit.*, réf. 20. Lettre au Frère Directeur, 9 juillet 1929.

72. FERNALD, M.L., *op. cit.*, réf. 69. Lettre du 2 février 1943.

73. FERNALD, M.L., *op. cit.*, réf. 69. Lettre du 5 février 1942.

74. FERNALD, M.L., *op. cit.*, réf. 69. Lettre du 29 novembre 1943.

75. MARIE-VICTORIN, F., é.c., *op. cit.*, réf. 69. Lettre du 11 décembre 1931.

76. FERNALD, M.L., *op. cit.*, réf. 69. Lettre du 16 juin 1932.

77. MARIE-VICTORIN, F., é.c., *op. cit.*, réf. 69. Lettre du 7 octobre 1927.

78. FERNALD, M.L., *op. cit.*, réf. 69. Lettre du 26 mai 1938.

79. FERNALD, M.L., *op. cit.*, réf. 69. Lettre du 10 mai 1938.

80. FERNALD, M.L., *op. cit.*, réf. 69. Lettre du 21 octobre 1940.

81. DANSEREAU, Pierre, «Brother Marie-Victorin, F.S.C.», *The American Midland Naturalist*, 33 (2), mars 1945.

82. MARIE-VICTORIN, F., é.c., *op. cit.*, réf. 2., p. 351. Lettre à ses collègues, 14 mars 1940.

83. MARIE-VICTORIN, F., é.c., *op. cit.*, réf. 2, p. 362. Lettre à Jules Brunel, 1941.

84. BRUNEL, Jules, *Esquisse d'un portrait du Frère Marie-Victorin*, Montréal, 1928. Inédit.

85. Correspondance échangée entre F. Marie-Fictorin, é.c. et Henry Teuscher (1932-1944), compilée par André Bouchard. Manuscrit inédit conservé aux archives du Jardin botanique de Montréal et de l'Institut botanique de l'Université de Montréal. TEUSCHER, Henry. Lettre du 13 août 1932.

86. TEUSCHER, Henry, *op. cit.*, réf. 85. Lettre du 1er septembre 1939.

87. MARIE-VICTORIN, F., é.c., *op. cit.*, réf. 2, p. 293. Lettre à Jacques Rousseau, 1937.

88. MARIE-VICTORIN, F., é.c., *op. cit.*, réf. 2, p. 313. Lettre à Marcelle Gauvreau.

89. RUMILLY, Robert, *op. cit.*, réf. 2, p. 121.

90. MONTPETIT, Édouard, *op. cit.,* réf. 2, p. 230.

91. *Le Devoir*, 24 septembre 1934.

92. *Le Devoir*, 13 janvier 1934.

93. *Le Devoir*, 18 décembre 1935.

94. *Le Devoir*, 16 juin 1936.

95. HEREDIA, Jose Maria de, extrait de l'Ode «Niagara».

96. MARIE-VICTORIN, F., é.c., *op. cit.*, réf. 20. Lettre à Mère Marie-des-Anges, 3 octobre 1938.

97. MARIE-VICTORIN, F., é.c., *op. cit.*, réf. 20. Lettre au Frère Manuel-Paulin, 14 décembre 1938.

98. MARIE-VICTORIN, F., é.c., *op. cit.*, réf. 20. Lettre au Frère Visiteur, 30 décembre 1938.

99. MARIE-VICTORIN, F., é.c., *op. cit.*, réf. 20. Lettre à Mère Marie-des-Anges, 25 janvier 1939.

100. MARIE-VICTORIN, F., é.c., *op. cit.*, réf. 20. Lettre à Mère Marie-des-Anges, 17 février 1939.

101. MARIE-VICTORIN, F., é.c., (en collaboration avec le Frère Léon, é.c.) *Itinéraires botaniques dans l'île de Cuba.* Montréal, 1942. II, p. 32, 20 mars 1940.

102. MARIE-VICTORIN, F., é.c., *op. cit.*, réf. 101. I, Introduction.

103. MARIE-VICTORIN, F., é.c., *op. cit.*, réf. 101. II, p. 143, 7 mai 1940.

104. MARIE-VICTORIN, F., é.c., *op. cit.*, réf. 101. II, pp. 114-115, 11 avril 1940.

105. MARIE-VICTORIN, F., é.c., *op. cit.*, réf. 101. I, p. 80, 2 janvier 1939.

106. MARIE-VICTORIN, F., é.c., *op. cit.*, réf. 101. I, p. 40, 28 décembre 1938.

107. MARIE-VICTORIN, F., é.c., *op. cit.*, réf. 101. I, p. 32, 28 décembre 1938.

108. MARIE-VICTORIN, F., é.c., *op. cit.*, réf. 101. I, pp. 127-128, 18 janvier 1939.

109. MARIE-VICTORIN, F., é.c., *op. cit.*, réf. 101. I, p. 33, 28 décembre 1938.

110. MARIE-VICTORIN, F., é.c., *op. cit.*, réf. 101. II, p. 14, 18 mars 1940.

111. MARIE-VICTORIN, F., é.c., *op. cit.*, réf. 101. I, p. 59, 30 décembre 1938.

112. MARIE-VICTORIN, F., é.c., *op. cit.*, réf. 101. II, p. 12, 18 mars 1940.

113. MARIE-VICTORIN, F., é.c., *op. cit.*, réf. 101. I, p. 384, 16 août 1939.

114. MARIE-VICTORIN, F., é.c., *op. cit.*, réf. 101. I, pp. 47-48, 29 décembre 1938.

115. MARIE-VICTORIN, F., é.c., *op. cit.*, réf. 101. II, p. 121, 13 avril 1940.

116. MARIE-VICTORIN, F., é.c., *op. cit.*, réf. 101. II, p. 243, 19 février 1942.

117. MARIE-VICTORIN, F., é.c., *op. cit.*, réf. 101. II, p. 72, 4 avril 1940.

118. MARIE-VICTORIN, F., é.c., *op. cit.*, réf. 101. II, p. 86, 6 avril 1940.

119. MARIE-VICTORIN, F., é.c., *op. cit.*, réf. 101. II, p. 34, 20 mars 1940.

120. MARIE-VICTORIN, F., é.c., *op. cit.*, réf. 101. II, p. 44, 20 mars 1940.

121. MARIE-VICTORIN, F., é.c., *op. cit.*, réf. 101. II, pp. 194-197, 25 février 1941.

122. MARIE-VICTORIN, F., é.c., *op. cit.*, réf. 101. II, pp. 75-76, 5 avril 1940.

123. MARIE-VICTORIN, F., é.c., *op. cit.*, réf. 101. I, p. 76, 1er janvier 1939. I, p. 114, 6 janvier 1939.

124. MARIE-VICTORIN, F., é.c., *op. cit.*, réf. 101. I, pp. 19-28, 28 décembre 1938.

125. MARIE-VICTORIN, F., é.c., *op. cit.,* réf. 101, I, pp. 128-129, 18 janvier 1939.

126. MARIE-VICTORIN, F., é.c., *op. cit.,* réf. 101, I, p. 369, 17 août 1939.

127. MARIE-VICTORIN, F., é.c., *op. cit.,* réf. 101, II, pp. 51-52, 25 mars 1940.

128. DANSEREAU, Pierre, *Le Devoir,* 14 mars 1942.

129. *CJMS,* numéro spécial «Sillery 1925-1975», pp. 11-12.

130. Correspondance de la famille Kirouac, de 1886 à 1900, manuscrit inédit. François Kirouac à sa fille, 4 novembre 1892.

131. KIROUAC, François, *op. cit.,* réf. 130. Lettre à sa soeur, 25 mai 1896.

132. MARIE-VICTORIN, F., é.c., *op. cit.*, réf. 18. Lettre du 3 janvier 1922.

133. MARIE-VICTORIN, F., é.c., *op. cit.*, réf. 20. 8 juin 1941.

134. MARIE-VICTORIN, F., é.c., *op. cit.*, réf. 20. Lettre à Mère Marie-des-Anges, 5 janvier 1943.

135. MARIE-VICTORIN, F., é.c., *op. cit.*, réf. 18. Lettre du 27 août 1923.

136. MARIE-VICTORIN, F., é.c., *op. cit.*, réf. 18. Lettre du 5 mars 1923.

137. RUMILLY, Robert, *op. cit.*, réf. 2, p. 419.

138. AUDET, Louis-Philippe, *op. cit.*, réf. 24, p. 89.

139. MARIE-VICTORIN, F., é.c., *op. cit.*, réf. 18. Lettre du 6 septembre 1918.

140. Analyse graphologique du F. Marie-Victorin, effectuée par Mme Monique BOUCHARD, graphologue de Québec, le 23 septembre 1979, d'après une lettre du frère écrite en 1929.

141. MARIE-VICTORIN, F., é.c., *op. cit.*, réf. 20. Lettre à Mère Marie-des-Anges, 11 mai 1939.

142. MARIE-VICTORIN, F., é.c., *op. cit.*, réf. 20. Lettre à Mère Marie-des-Anges, 23 décembre 1930.

143. MARIE-VICTORIN, F., é.c., *op. cit.*, réf. 20. Lettre à Mère Marie-des-Anges, 4 mars 1928.

144. MARIE-VICTORIN, F., é.c., *op. cit.*, réf. 20. Lettre à Mère Marie-des-Anges, 6 janvier 1926.

145. MARIE-VICTORIN, F., é.c., *op. cit.*, réf. 20. Lettre à Mère Marie-des-Anges, 10 juin 1931.

146. MARIE-VICTORIN, F., é.c., *op. cit.*, réf. 20. Lettre à Mère Marie-des-Anges, 23 décembre 1931.

147. MARIE-VICTORIN, F., é.c., *op. cit.*, réf. 20. Lettre à

Mère Marie-des-Anges, 2 mai 1934.

148. MARIE-VICTORIN, F., é.c., *op. cit.*, réf. 20. Lettre à Mère Marie-des-Anges, 31 juillet 1939.

149. MARIE-VICTORIN, F., é.c., *op. cit.*, réf. 20. Lettre à Mère Marie-des-Anges, 7 février 1940.

150. MARIE-VICTORIN, F., é.c., *op. cit.*, réf. 20. Lettre à Mère Marie-des-Anges, 12 mars 1940.

151. MARIE-VICTORIN, F., é.c., *op. cit.*, réf. 20. Lettre à Mère Marie-des-Anges, 23 décembre 1940.

152. MARIE-VICTORIN, F., é.c., *op. cit.*, réf. 20. Lettre à Mère Marie-des-Anges, 2 septembre 1941.

153. MARIE-VICTORIN, F., é.c., *op. cit.*, réf. 20. Lettre à Mère Marie-des-Anges, 2 octobre 1941.

154. AUDET, Louis-Philippe, *op. cit.*, réf. 24, pp. 94-95.

155. MARIE-VICTORIN, F., é.c., *op. cit.*, réf. 20. Lettre à Mère Marie-des-Anges, 9 janvier 1941.

156. MARIE-VICTORIN, F., é.c., *op. cit.*, réf. 20. Lettre à Madeleine Drolet, sa nièce, 1er mai 1937.

157. MARIE-VICTORIN, F., é.c., *op. cit.*, réf. 20, Lettre à Madeleine Drolet, 22 juillet 1937.

158. PARIZEAU, Gérard, *Joies et deuils d'une famille bourgeoise*, 1867-1961. Éditions du Bien public, 1973, p. 105.

159. AUDET, Louis-Philippe, *op. cit.*, réf. 24, pp. 90-91.

160. MARIE-VICTORIN, F., é.c., *op. cit.*, réf. 18. Lettre du 14 janvier 1918.

161. MARIE-VICTORIN, F., é.c., *op. cit.*, réf. 18. Lettre du 10 février 1920.

162. FERLAND, Albert, *op. cit.*, réf. 4, Préface, p. 5.

163. BASTIEN, Hermas, *Pour l'amour du Québec*, choix de textes du F. Marie-Victorin. Sherbrooke, Éditions Paulines, 1971. Introduction, p. 21.

164. DANTIN, Louis, *Gloses critiques, op. cit.*, réf. 163. Introduction, pp. 21-22.

165. MAJOR, André, *Le Devoir*, 9 août 1969.

166. GUAY, Jean-Pierre, *L'Action*, 16 août 1969.

167. MOUNIER, Emmanuel, *Oeuvres*, Tome II, *Traité du caractère*. Paris, Éd. du Seuil, 1961, pp. 220-221.

168. PARIZEAU, Gérard, *op. cit.*, réf. 158, p. 104.

169. MARIE-VICTORIN, F., é.c., «Histoire de l'Institut botanique», *Contributions de l'Institut Botanique*, no 40, pp. 66-67.

170. RUMILLY, Robert, *op. cit.*, réf. 2, p. 382 (citation de Jacques Rousseau).

171. MARIE-VICTORIN, F., é.c., *op. cit.*, réf. 169, pp. 69-70.

172. *Le Devoir*, 1er mai 1941.

173. Les citations de ce chapitre, sauf indication contraire, ont été extraites de: BASTIEN, Hermas, *Pour l'amour du Québec, op. cit.*, réf. 163.
Les références seront présentées ainsi: la référence originale suivie de: (H.B., p...).
MARIE-VICTORIN, F., é.c., *Le Pays laurentien*, avril 1916 (H.B., pp. 95-99.)

174. MARIE-VICTORIN, F., é.c., *Contribution du Laboratoire de Botanique de l'Université de Montréal*, no 13, 1929. (H.B., p. 104.)

175. MARIE-VICTORIN, F., é.c., *Revue trimestrielle canadienne*, 4, 1918. (H.B., p. 108.)

176. MARIE-VICTORIN, F., é.c., *Le Devoir*, 25 septembre 1925. (H.B., pp. 33-40.)

177. MARIE-VICTORIN, F., é.c., *Revue canadienne*, 20, nouvelle série, oct. 1917. (H.B., pp. 63-75.)

178. MARIE-VICTORIN, F., é.c., *Annales de l'Acfas*, 5,

1939. (H.B., p. 48.)

179. MARIE-VICTORIN, F., é.c., *Revue trimestrielle cana-*
dienne, 17, 1931. (H.B., pp. 78-86.)

180. MARIE-VICTORIN, F., é.c., *Annales de l'Acfas* 4 (2),
1924, p. 3.

181. *Le Devoir,* 23 novembre 1940.

182. MARIE-VICTORIN, F., é.c., *Bulletin de la Société de*
Géographie de Québec, 1914.

183. MARIE-VICTORIN, F., é.c., *op. cit.,* réf. 18. Lettre du
2 juillet 1915.

184. MARIE-VICTORIN, F., é.c., *op. cit.,* réf. 18. Lettre du
12 avril 1926.

185. MARIE-VICTORIN, F., é.c., *Contributions du labora-*
toire de botanique, 5, 1925. pp. 80-81.

186. MARIE-VICTORIN, F., é.c., *Contributions du labora-*
toire de botanique, 26, 1935. p. 39.

187. MARIE-VICTORIN, F., é.c., *op. cit.,* réf. 186, p. 26.

188. MARIE-VICTORIN, F., é.c., *op. cit.,* réf. 186, p. 60.

189. MARIE-VICTORIN, F., é.c., «Histoire de l'Institut botanique de l'Université de Montréal», *Contributions de*
l'Institut botanique, 40, 1941, p. 42.

190. MARIE-VICTORIN, F., é.c., *Le Naturaliste canadien,*
40 (11), mai 1914.

191. MARIE-VICTORIN, F., é.c., *op. cit.,* réf. 18. Lettre du
4 octobre 1916.

192. MARIE-VICTORIN, F., é.c., *op. cit.,* réf. 18. Lettre du
10 mars 1916.

193. MARIE-VICTORIN, F., é.c., *op. cit.,* réf. 18. Lettre du
4 avril 1916.

194. MARIE-VICTORIN, F., é.c., *op. cit.,* réf. 18. Lettre du
10 février 1920.

BIBLIOGRAPHIE

IMPRIMÉS:

AUDET, Louis-Philippe, *Le Frère Marie-Victorin, éducateur.* Québec, Les Éditions de l'Érable, 1942. 283 pp.

BEAUDET, Gilles, F., é.c., *Confidence et combat,* Lettres (1929-1944) du Frère Marie-Victorin présentés et annotées. Montréal, Lidec, 1969. 251 pp.

MARIE-VICTORIN, F., é.c., *Pour l'amour du Québec.* Introduction et choix de textes de BASTIEN, Hermas. Sherbrooke, Les Éditions Paulines, 1971. 198 pp.

MARIE-VICTORIN, F., é.c., *Contributions du laboratoire de botanique de l'Université de Montréal,* I, 1 à 10 (1922-1927) et II, 11 à 23 (1927-1932).

MARIE-VICTORIN, F., é.c., *Croquis laurentiens.* Montréal, Les Frères des Écoles chrétiennes, 1920. 301 pp.

MARIE-VICTORIN, F., é.c., *Flore laurentienne.* Montréal, Les Presses de l'Université de Montréal, 1964. 925 pp.

MARIE-VICTORIN, F., é.c., *Itinéraires botaniques dans l'île de Cuba,*
Première série, Contributions de l'Institut botanique de l'Université de Montréal, 41, 1942.
Deuxième série, Contributions de l'Institut botanique de l'Université de Montréal, 50, 1944.
Troisième série, Contributions de l'Institut botanique de l'Université de Montréal, 68, 1956.

MARIE-VICTORIN, F., é.c., Récits laurentiens. Montréal, Les Frères des Écoles chrétiennes, 1919. 207 pp.

MOUNIER, Emmanuel, *Oeuvres*, Tome II, *Traité du caractère.* Paris, Éditions du Seuil, 1961. 794 pp.

RUMILLY, Robert, *Le Frère Marie-Victorin et son temps.* Montréal, Les Frères des Écoles chrétiennes, 1949. 459 pp.

MÉLAGE, F., é.c. *Le Créateur de l'école populaire, Saint-Jean-Baptiste de La Salle.* École Saint-Luc, Tournai, Belgique, 1948. 467 pp.

MANUSCRITS INÉDITS:

Correspondance de la famille Kirouac de 1886 à 1900, Québec. Manuscrit inédit conservé par Mme Cécile Drolet-Girouard.

MARIE-VICTORIN, F., é.c., *À travers trois continents.* Montréal, 1931. Manuscrit inédit dactylographié conservé au bureau des archives des F.É.C. qui en ont la propriété exclusive. Reproduction interdite sans autorisation écrite. 447 pp.

MARIE-VICTORIN, F., é.c., *Mon Miroir.* Journal manuscrit et inédit, rédigé entre 1903 et 1920, conservé au bureau des archives des F.É.C. qui en ont la propriété exclusive. Reproduction interdite sans autorisation écrite.

MARIE-VICTORIN, F., é.c., correspondance échangée avec F. Rolland-Germain, é.c., entre septembre 1914 et juin 1926. Manuscrit inédit, conservé par M. Samuel Brisson, professeur à l'Université de Sherbrooke, Qué.

MARIE-VICTORIN, F., é.c. et TEUSCHER, Henry, correspondance échangée entre 1932 et 1944, compilée par André Bouchard, conservateur du Jardin botanique de Montréal. Manuscrit inédit conservé aux archives du Jardin et de l'Institut botanique de l'Université de Montréal.

MARIE-VICTORIN, F., é.c., et FERNALD, Merritt Lyndon, correspondance. Manuscrit inédit conservé aux archives du Jardin et de l'Institut botanique de l'Université de Montréal.

JOURNAUX ET REVUES

Articles mentionnés dans le texte et dans la table des références.

Fondation Marie-Victorin.
Médaille à l'effigie du Frère Marie-Victorin pour reconnaître les mérites des chercheurs en science botanique.

TABLE DES MATIÈRES